斯拉夫国家
汉语教育及服务需求研究

赵秋野　王凤英　于大春　金晓蕾　　著

外语教学与研究出版社
北京

图书在版编目 (CIP) 数据

斯拉夫国家汉语教育及服务需求研究 / 赵秋野等著. —— 北京：外语教学与研究出版社，2021.9
(新丝路国别与区域研究)
ISBN 978-7-5213-3107-3

Ⅰ. ①斯… Ⅱ. ①赵… Ⅲ. ①对外汉语教学 – 服务需求 – 研究 Ⅳ. ①H195

中国版本图书馆 CIP 数据核字 (2021) 第 206544 号

出 版 人　徐建忠
责任编辑　刘　荣
责任校对　于　辉
装帧设计　范晔文
出版发行　外语教学与研究出版社
社　　址　北京市西三环北路 19 号（100089）
网　　址　http://www.fltrp.com
印　　刷　北京盛通印刷股份有限公司
开　　本　710×1000　1/16
印　　张　12.5
版　　次　2021 年 11 月第 1 版　2021 年 11 月第 1 次印刷
书　　号　ISBN 978-7-5213-3107-3
定　　价　45.00 元

购书咨询：(010) 88819926　电子邮箱：club@fltrp.com
外研书店：https://waiyants.tmall.com
凡印刷、装订质量问题，请联系我社印制部
联系电话：(010) 61207896　电子邮箱：zhijian@fltrp.com
凡侵权、盗版书籍线索，请联系我社法律事务部
举报电话：(010) 88817519　电子邮箱：banquan@fltrp.com
物料号：331070001

总序

"斯拉夫国家语言文化研究"专题是在"一带一路"倡议背景下，为向国内读者介绍斯拉夫国家在语言文化、民族宗教、文学艺术等方面的国情而作，是区域国别问题研究的一次大胆尝试，旨在推动中外交流，实现文明互鉴，促进民心相通，为构建"人类命运共同体"贡献一份力量。

斯拉夫民族分为东斯拉夫、西斯拉夫和南斯拉夫，目前共有13个国家，具体为：东斯拉夫国家有俄罗斯、乌克兰和白俄罗斯；西斯拉夫国家有波兰、捷克和斯洛伐克；南斯拉夫国家有塞尔维亚、黑山、北马其顿、克罗地亚、斯洛文尼亚、波斯尼亚和黑塞维那（简称"波黑"），以及位于欧洲东南部的保加利亚。国内有关斯拉夫国家的图书和资料并不多，相关研究也很薄弱，学术研究方向和研究成果多见于对俄罗斯、乌克兰、波兰、塞尔维亚等国的文化研究，很少有人对整个斯拉夫民族的语言和文化等方面进行详细介绍和研究。斯拉夫民族历史悠久，拥有辉煌、灿烂的民族文化，在世界文明史中占有重要地位。苏联"十月革命"之后（尤其是在"二战"之后），学界对"世界斯拉夫学"（英文为slavictics，俄文为славяноведение或славистика）的研究热情空前高涨，并且研究成果非常丰富。这一时期的斯拉夫学研究也明显带有地缘政治、意识形态等方面的特征，所以这一时期的研究常被视为"苏联学"(советология)。苏联解体后，世界范围内的斯拉夫语人才培养和斯拉夫学研究受到了很大的影响。当前，俄罗斯的斯拉夫语人才和斯拉夫学研究人才同样非常紧缺。幸运的是，俄罗斯学界具有培养斯拉夫语人才、发展斯拉夫学的时代紧迫感，所以在近几年，俄罗斯在这方面的研究成果比较丰富。

纵观世界各民族的文明发展史，我们不能因其繁荣或衰退来判定其优劣。作为一种文明现象，斯拉夫民族文化不容小觑。因此，在借鉴斯拉夫国家研究成果的基础上，我们从"他者"的视角去介绍、梳理、分析整个斯拉夫民族的语言和文化，根据它的历史与现实来预测其未来发展方向。

区别于国内已出版的《斯拉夫文明》等书的历史研究视角，我们的研究思路是：以斯拉夫民族区域发展为研究视角，把斯拉夫民族作为一个整体来研究，分别从斯拉夫民族的语言、文化、文学、艺术、建筑、教育、宗教等方面深入研究东斯拉夫、西斯拉夫、南斯拉夫的主要国家的国情状况。因此，我们既着眼于斯拉夫国家的区域性、民族性、多样性等方面的整合研究，也重视斯拉夫主要国家的国别个性研究；在介绍、梳理事实和提出问题的基础上，分析某一问题或某一现象背后的原因，并提出相关对策，最终回到构建"人类命运共同体"的主题思想上。在研究方法上，我们针对不同的研究领域采用了不同的方法。在斯拉夫国家的民俗文化、建筑文化、民族教育、汉语教育等领域，我们主要采用了田野调查法；在斯拉夫民族的语言意识研究领域，我们主要采用了心理语言学联想实验法。

  我们的研究团队成员主要来自教育部国别和区域研究中心"哈尔滨师范大学斯拉夫国家研究中心"（简称"研究中心"）。研究对象细分为：以俄罗斯为主的东斯拉夫国家，以波兰为主的西斯拉夫国家，以塞尔维亚为主的南斯拉夫国家。研究领域涉及经济、外交、文化、文学艺术、历史、教育、伦理、民族心理和语言意识、语言政策等方面，研究工作主要以国际合作项目、国家社科基金项目、教育部委托课题项目等方式进行。研究中心的主要职责有：立足于服务国家"一带一路"倡议，培养既掌握俄语、波兰语、塞尔维亚语等斯拉夫语言，又了解斯拉夫文化，能研究斯拉夫国家国情的跨学科、创新型人才；努力搭建研究斯拉夫国家的学术交流平台，并以问题为导向，形成高质量的研究报告，为国家对外合作起到"智库"作用；希望研究成果能够服务于国家在经济、文化、教育等方面的对外交流与合作，从而体现高校学术研究服务社会的功能。

"斯拉夫国家语言文化研究"课题组
2021年8月30日

前言

本书是教育部国别和区域研究课题"'一带一路'沿线斯拉夫国家汉语教育现状及服务需求"的结项成果,研究过程获得教育部国别和区域研究中心"斯拉夫国家研究中心"的指导和支持,研究成果的出版获得中央财政支持地方高校发展专项资金项目"'一带一路'视域下斯拉夫国家语言文化及发展战略研究"的资助。

本书以问题为导向,旨在了解汉语国际推广与传播的现状及未来服务需求,继而探究汉语教育及中华优秀传统文化在走向世界过程中的经验和不足,希望能够构建一个上下协同、内外畅通的汉语国际传播路径,让汉语成为世界大众了解中国传统文化与现当代中国发展状况的媒介。因此,本书在课题研究报告的基础上,以国外的汉语教育政策为基准,全面梳理了俄罗斯、波兰和塞尔维亚这三个有代表性的斯拉夫国家的汉语教育发展情况,旨在探索斯拉夫国家汉语教育的未来走向,并提出可持续发展策略。

斯拉夫国家从民族属性上分为东斯拉夫、西斯拉夫和南斯拉夫三个分支。由东斯拉夫人组成的国家包括俄罗斯、白俄罗斯和乌克兰;由西斯拉夫人组成的国家有波兰、捷克和斯洛伐克;由南斯拉夫人组成的国家包括南斯拉夫社会主义联邦人民共和国(以下简称"南联邦")解体后形成的塞尔维亚、黑山、克罗地亚、斯洛文尼亚、北马斯顿、波斯尼亚和黑塞哥维那（简称"波黑"），以及地处欧洲东南部的保加利亚。课题各选择东斯拉夫、西斯拉夫和南斯拉夫中的一个国家作为研究对象，即俄罗斯、波兰和塞尔维亚，这三个国家作为"一带一路"沿线斯拉夫国家的代表，能起到以点带面的作用。课题研究内容丰富，从国家语言政策、外语教育政策、汉语教育政策，从学校到企业，直至社会需求，力争做到全面、客观、真实地反映斯拉夫国家当前汉语教育的面貌，希望能为汉语教育的国际发展贡献一份力量。

俄罗斯的汉语教育研究成果早已有之，但与我国黑龙江省相邻的俄罗斯远东地区的汉语教育还没有得到全面、系统梳理。目前在俄罗斯，汉语被认为是最有发展前景的语言之一，越来越多的俄罗斯人加入了学习汉语的队伍中。俄罗斯远东联邦大学的汉语教育规模和水平在俄罗斯排前三位，因此，无论从汉语学习的地区优势角度，还是从国家和区域安全角度，我们都有必要对该地区的汉语教育进行深度调查和研究。

波兰是中东欧地区最早开展汉语教育的国家之一，而且华沙大学是中东欧地区最早开设汉语课程的高校之一。进入21世纪，波兰的汉语教育进一步发展，在学习人数、教学模式和条件、开设汉语课程的学校数量、汉语师资、汉语教学研究及交流、汉语推广及中国文化传播等方面，波兰在欧洲国家当中都具有代表性。波兰于2004年5月1日加入欧盟，其教育制度与欧盟完全接轨，这使得波兰的教育体制既保持了本土特色，又极具欧洲特征。因此，研究波兰的汉语教育状况，调查其汉语教育与服务需求，分析其发展趋势，对解读欧盟国家的语言政策，在欧洲开展汉语教育并传播中国文化，都具有非常重要的意义。

塞尔维亚的汉语教育在南联邦时期就开始了，南联邦的第一个汉语本科专业就设在贝尔格莱德大学，贝尔格莱德大学至今仍是塞尔维亚实力最雄厚的汉学研究基地。1991年，南联邦解体，塞尔维亚成为一个独立的国家。现今，塞尔维亚的教育体制虽然经历了数次改革，但仍带有南联邦的历史印记。近几年，随着"入欧"进程的推进，塞尔维亚努力使自身的教育体制与欧盟接轨。因此，塞尔维亚的教育体制既有地区代表性，又有自身特色。从中塞关系上看，塞尔维亚是整个欧洲地区最早与中国建立"战略合作伙伴关系"的国家。2016年，习近平主席访问塞尔维亚，中、塞两国关系提升为"全面战略合作伙伴关系"。塞尔维亚成为中东欧"一带一路"上最重要的节点之一，并且与中国的交流合作越来越密切。因此，研究塞尔维亚的汉语教育状况以及服务需求，对了解南联邦解体后形成的其他国家的汉语教育，都有十分重要的意义。

本书研究的内容主要有以下三个方面。其一，分析探讨区域文化视域下的各国国情。每个国家有不同的国情，国情差异往往会影响该国的外语教育政策。了解汉语推广、文化传播等方面的情况，是制定我国汉语国际传播方略的基础。[①] 其二，了解斯拉

---

① 李宇明：《明了各国国情，顺利传播汉语》，载《世界汉语教学》，2007年第3期，第12—14页。

夫国家的语言文化特点，促进汉语在这些国家的应用、推广与可持续发展。斯拉夫国家有其各自独特的语言文化特点，了解这些国家的语言文化发展状况，并与汉语进行对比分析，对汉语的国际推广有一定的参考价值。母语在第二语言学习中的作用不容忽视，不同文字系统对第二语言的学习也有一定的影响。[①] 可以说，对世界各国的语言了解越多，就越能加快中国走向世界的步伐。其三，研究斯拉夫国家的汉语传播特点，能为制定针对斯拉夫国家的汉语传播方略，研制适合斯拉夫国家国情及文化的汉语教育规范及考试标准，培训斯拉夫国家的汉语教师，加强汉语教材建设，优化汉语教育传播机制等提供建设性建议。

语言的功能在于"方便交流，沟通民心"。为了加强中国与世界其他国家的互动，使汉语在"一带一路"倡议的落实、构建"人类命运共同体"及文明互鉴中发挥作用，我们要有意识地创设汉语教育的发展条件，满足学习者的汉语学习需求，制定汉语国际推广与传播计划。[②] 想要引导斯拉夫国家民众学习汉语，首先需要了解斯拉夫国家民众在汉语学习上的内在需求，比如：到中国旅游的需求，希望汉语能成为谋生的手段，希望获得中国的奖学金来中国留学，希望更好地了解中国及文化等。因此，从办学机构、课程设置到师资、教材和学生，从民众对汉语的兴趣到学习汉语的目标，本书从多个方面阐述了这些国家的汉语教育政策，

---

① 李宇明：《明了各国国情，顺利传播汉语》，载《世界汉语教学》，2007年第3期，第12—14页。
② 李宇明：《语言学习需求与对外汉语教学》，载《汉语教学学刊》，北京语言大学出版社，2005年第1辑。

全面调查其汉语教育状况,并针对实际问题提出了一些合理性建议。

本书的第一作者赵秋野为项目主持人,负责项目的整体工作,如:论证选题,申报项目,制订研究计划,确定研究内容,落实调研报告任务,设计全书结构,完成全书的统稿工作等。项目组于2018年5月完成了俄罗斯、波兰和塞尔维亚这三个斯拉夫国家汉语教育现状的实地调研工作,并对搜集到的材料和数据等进行了整理、分析,形成三个独立的调研报告。在此基础上,项目主持人完成了斯拉夫国家汉语教育的整体性研究报告。2019年11月,项目组完成了结题报告,并于2020年完成了书稿的撰写工作。

本书一共有四章内容,第一章由赵秋野撰写,第二章由王凤英撰写,第三章由于大春撰写,第四章由金晓蕾撰写。感谢张艳杰、王晓梅、李芳、何春东、林宇、乌兰等老师提供的材料和数据,感谢国外大学师生在提供数据材料、完成调查问卷等方面给予的支持,这些大学主要有:俄罗斯远东地区的阿穆尔国立人文师范大学、远东联邦大学、布拉戈维申斯克国立师范大学,波兰的格但斯克大学以及塞尔维亚的贝尔格莱德大学等。

为适应国际汉语教育事业发展需求,中国国家汉语国际推广领导小组办公室(简称"国家汉办")更名为"教育部中外语言交流合作中心"(简称"语合中心")。该中心专门为世界各国民众学习汉语、了解中国提供优质服务,为中外语言交流合作、世界多元文化的互学互鉴搭建友好协作的平台。语合中心的主要职责是:

负责统筹建设国际汉语教育资源体系，参与制定国际汉语教育相关标准；支持国际汉语教师、教材、学科等方面的建设和学术研究；组织实施国际汉语教师考试、外国人汉语水平等级考试，开展相关评估工作；组织开展中外语言交流合作等。我们相信，在语合中心的指导下，国际汉语教育事业会有更大、更好的发展。

目录

第一章 斯拉夫国家的汉语教育概况
第一节　斯拉夫国家的汉语语言政策 …………………………………… 1
第二节　斯拉夫国家的汉语教育 ………………………………………… 9
第三节　斯拉夫国家的汉语服务需求 …………………………………… 15
第四节　斯拉夫国家汉语教育存在较大的发展空间 …………………… 21

第二章 俄罗斯远东地区的汉语教育
第一节　俄罗斯远东地区孔子学院的汉语教育状况 …………………… 26
第二节　俄罗斯远东地区高校与中小学校的汉语教育状况 …………… 42
第三节　俄罗斯远东地区的汉语教育服务需求及其未来发展 ………… 60

第三章 波兰的汉语教育
第一节　波兰外语教育概况 ……………………………………………… 68
第二节　波兰高等教育阶段的汉语教育 ………………………………… 78
第三节　波兰中小学校的汉语教育 ……………………………………… 105
第四节　波兰学生学习汉语的心理 ……………………………………… 112

| 第五节 | 汉语在波兰的推广 | 114 |
| 第六节 | 波兰的汉语教育服务需求 | 122 |

第四章 塞尔维亚的汉语教育

第一节	塞尔维亚的外语教育政策	128
第二节	塞尔维亚的汉语教育状况	139
第三节	对塞尔维亚汉语学习者的心理调查	164
第四节	在塞尔维亚推广汉语的可行性分析	166
第五节	塞尔维亚中资企业和本地企业的汉语服务需求	174
第六节	塞尔维亚汉学家及其服务需求	177
第七节	汉语教学在中塞全面合作中的作用	179

主要参考文献 181

第一章

斯拉夫国家的汉语教育概况

第一节
斯拉夫国家的汉语语言政策

一个国家的外语政策体现了这个国家对外语本身以及外语所代表的国家的态度,反映的是全球化视角下一个国家的目标和利益。虽然俄罗斯、波兰、塞尔维亚等国在地理位置上各有不同,在政治、经济、文化、教育等方面与中国的交流程度也不同,并且这些国家开展汉语教育的时间也不一样,但它们都属于斯拉夫国家。这些国家的汉语语言政策在三个不同的发展阶段表现出了三个不同的历史特征。

(一)语言政策中的"无汉语"阶段

以俄罗斯、波兰、塞尔维亚等国为代表的斯拉夫国家,无论是在基础教育阶段,还是在高等教育阶段,与英语、法语、德语、西班牙语等欧洲语言相比,汉语始终不占优势。这一事实主要体现在以下两个方面:其一,在高等教育阶段,汉语只作为"小众化"的本科专业,仅存在于少数高校或研究机构当中,属于"冷门"专业;其二,斯拉夫国家在基础教育阶段开设了英语课程,英语是必修外语。同时,这些国家还开设了第二外语选修课。无论是俄罗斯、波兰,还是塞尔维亚,英语始终占据着基础教育阶段"第一外语"的主导地位,而中小学校开设的作为选修课程的第二外语,主要是法语、德语、西班牙语等西方国家的语言。汉语在这些国家的认知度和接纳度并不高,以汉语作为第二外语的中小学校也不多见。然而,随着经济的快速发展,我国已成为世界第二大经济体,迈向世界的步伐日益加快。在"一带一路"倡议下,尤其是在海外汉语教育政策的大力推动下,汉语及中国文化的魅力逐渐彰显出来。

(二)自由发展阶段

缺少所在国语言政策支持的汉语教育,始终处于自由发展阶段。本研究把斯拉夫国家汉语教育快速发展的开始时间确定为2006年,这是因为在这一年,中国国家汉语国际推广领导小组办公室(现更名为"教育部中外语言交流合作中心",简称"语合中心")分别在俄罗斯、波兰、塞尔维亚等国开设了孔子学院。从这一年开始,在中国政府的支持下,孔子学院以此为平台,在俄、波、塞等国开展汉语教育工作,推广中国文化。由此,这些国家的汉语教育及中国文化的推广与传播进入了大发展时期,主要表现有:以孔子学院为中心,汉语教育向外围区域辐射;与中小学校合作,在中小学校设立孔子学院汉语教学点,孔子学院的汉语教师到各个中小学校授课,开展汉语教学工作;与高校开设汉语专业的学校开展教学合作,由学生选修汉语课程,或由孔子学院的汉语教师为其授课,学生学完后获得相应的学分。这种汉语推广与传播模式逐步发展,在各国形成了"汉语风"。在此基础上,以汉语为第二选修外语课程的中小学校的数量也在不断增加,而且有更多的高校开设了汉语专业课程。在此期间,中国与斯拉夫国家在各领域开展的一系列交流与合作也极大助推了当地汉语教育事业的发展。

随着中俄全面战略协作伙伴关系的不断发展,中、俄两国各种"友好年"活动、大学校长论坛以及中小学校长之间的交流活动不断增加,双方对语言的学习需求日益强烈。尤其是在2018年,中、俄两国国家领导人进行了多次会晤和互访,为两国关系的纵深发展奠定了基础,两国领导人的高瞻远瞩为"汉语纳入俄罗斯高考"这一目标提供了政治保障,汉语在俄罗斯拥有广阔的发展前景。[①] 俄罗斯的汉语教育自此揭开了历史新篇章。

2011年召开的第一届"中波大学校长论坛",标志着中、波两国在高等教育领域有了实质性的合作。在两国的合作前景越来越

---

① 李宝贵、庄瑶瑶:《汉语纳入俄罗斯高考——中俄语言文化互学互鉴的新篇章》,载《光明日报》,2019年6月13日,第14版。

好的情况下，波兰一些高校相继开展了汉语专业本科教育。例如，波兰知名的高等教育学府格但斯克大学，在2013年就开设了汉语本科专业。更可喜的事情是，两国共同签署了校际合作协议，因此，两国务实的交流与合作不断深化。2018年，成都青白江外国语小学与波兰罗兹第一小学签署了友好学校合作协议，双方在语言教学、课程教学、师生互访等方面开展了更为紧密的合作。罗兹第一小学的校长玛格达对开展两国语言文化交流合作充满期待。她这样说道："2015年，成都与罗兹签署了友好城市协议，一开始商业往来较多，现在延伸到其他领域，比如教育领域。现在，教育领域的交流合作发展得越来越快。罗兹第一小学的学生对中国文化越来越感兴趣。"她还指出："在第一次汉语课上，我们看到了学生们对汉语和中国文化表现出来的浓厚兴趣。目前，我们已经安排了每周一节的汉语课程。我们还与中国的学校合作举办公开课，通过网络视频进行交流。"[①] 总之，中、波两国在教育领域的合作大大地促进了波兰汉语教育的务实性发展。

2012年，中、塞两国签署了《塞尔维亚共和国中小学开设汉语课试点合作备忘录》，塞尔维亚的教育主管部门以全国8个区的31所中小学校作为首批试点学校，开设了汉语选修课，标志着汉语教育从"象牙塔"里走了出来，"俯身"走进了广大中小学校课堂，迈出了具有里程碑意义的步伐，揭开了塞尔维亚基础教育阶段汉语教育发展的新篇章。

[①]《中波小学签署合作协议 两国教育交流不断深入》，国际在线，2018年9月26日，https://baijiahao.baidu.com/s?id=1626587044470883978wfr=spider&for=pc，访问日期：2020年1月13日。

然而，我们也要清醒地认识到，在波兰和塞尔维亚，汉语仍然不属于欧盟国家多语言教学里规定的语种，这就无法支撑汉语教育的可持续发展。除了高校设置的汉语专业，孔子学院和孔子课堂开设的汉语课程几乎都属于"非学分课"，其传播模式类似于社会上汉语培训机构的推广模式。虽然这种模式传播活力十足，但社会定位偏低，传播渠道有限。汉语教育若想迈上新台阶，缺少所在国外语教育政策的支持是很难实现的。尽管如此，近年来，随着中国经济、文化、教育的发展，中国与世界各国在各领域的合作越来越紧密，一些国家的汉语教育发展呈上升趋势。除了孔子学院和孔子课堂，一些外语学校也相继开设了汉语课程，社会上的大量私立外语教育机构也开设了线下汉语辅导课程和线上汉语课程，从而构成了一个多层次、立体式、相互补充的汉语教育网络。

（三）斯拉夫国家汉语语言政策的调整阶段

在世界汉语教育蓬勃发展的时代大背景下，一个国家语言政策的出台或调整，更像是一枚定海神针，确定了当地汉语教育的未来走向。近年来，俄罗斯、塞尔维亚等斯拉夫国家的教育主管部门积极制定或调整汉语教育政策，以便满足民众学习汉语的需求，服务于国家的语言发展战略。在俄罗斯，汉语被认为是当今最具发展前景和最具实用性的语言之一。当前，中俄关系已进入新时代，俄罗斯已把汉语纳入国民教育体系。俄罗斯联邦教育与科学监督局负责人谢尔盖·克拉夫措夫（Сергей Кравцов）说："将汉语纳入国家统一考试是一个重要的挑战，但我们能够做好这件事情，实施汉语科目的考试工作是实现汉语教育现代化和标准化的出发点和动力。"① 俄罗斯教育主管部门此前一直在筹备如何将汉语纳入国家统一考试体系中，并为此做了大量的前期准备工作。自2015年以来，俄罗斯联邦教育与科学监督局连续公布了一系列有关汉语纳入国家统一考试前需要具备的重要文件。例如：在2015年，俄罗斯公布了《实施汉语科目国家毕业测试的必要条件》；在2016年，俄罗斯公布了《准备实施汉语科目的国家毕业测试》这一文件；在2017年，俄罗斯又公布了《将汉语纳入国家毕业测试的实施措施》。② 作为具体的实施单位，俄罗斯联邦教育评估所一直致力于制订《俄罗斯汉语教学大纲》工作，并于2017年10月公布了《普通教育机构第5—11年级汉语（第二外语）规范教学大纲》，并以此为基础确定《全俄统一考试中的外语考试科目》。到2018年秋季，俄罗斯对全国报考汉语科目统一考试的第11年级的学生进行了模拟考试，以便让他们了解和适应这一新的考试科目。2019年是中俄建交70周年，也是俄罗斯汉语教育发展史上具有"里程碑"意义的一年。这一年，汉语正式进入俄罗斯国家统一考试体系，成为继英语、德语、法语及西班牙语之后的第五种外语考试科目，从而奏响了俄罗斯汉语教育发展史上的最强音。国

---

① Устная часть ЕГЭ по иностранному языку пройдет 7 и 8 июня, http://ege.edu.ru，访问日期：2019年12月7日。
② 参考网站：https://vpr-ege.ru/ege/inostrannyj-yazyk/258-demoversiya-ege-2019-po-kitajskomu-yazyku，访问日期：2020年6月7日。

家统一考试的汉语成绩是学生汉语学习能力的重要参考，有助于他们在大学阶段选择与中国历史、中国经济、中国文化、中国艺术等方面的相关课程。在俄罗斯国家统一考试中，2019年是学生可以申请参加汉语考试的第一年。2019年6月5日，俄罗斯举行了外语科目的笔试。根据俄罗斯教育与科学部官网公布的数据显示，俄罗斯全国参加英语考试的人数约为8.3万人，参加德语考试的人数约为1400人，参加法语考试的人数为900人，参加西班牙语考试的人数为157人，而参加首届汉语考试的人数为75人。[①] 详细数据如表1.1所示。

表1.1 俄罗斯参加全国统一考试（外语科目）的考试人数（2019年）

考试语种	英语	德语	法语	西班牙语	汉语
考试人数	8.3万人（其中8.2万人为应届毕业生）	1400人	900人	157人	75人

在2020年，截至俄罗斯国家统一考试报名的最后一天，汉语科目的报名人数为358人，西班牙语的报名人数为307人。[②] 与上一届外语考试相比，这一届汉语科目考试的报名人数比西班牙语多了51人。详细数据如表1.2所示。

[①] Экзамены по физике и иностранным языкам прошли без сбоев, http://ege.edu.ru, 访问日期：2020年6月5日。

[②] Участники ЕГЭ-2020 определились с выбором предметов, http://ege.edu.ru, 访问日期：2020年2月20日。

表1.2 俄罗斯参加全国统一考试（外语科目）的考试人数（2020年）

考试语种	英语	德语	法语	汉语	西班牙语
报名人数	1.04万人	1873人	1247人	358人	307人

对比表1.1和表1.2数据，我们发现，尽管2020年是汉语成为俄罗斯国家统一考试（外语科目）的第二年，但选考汉语的学生人数已呈现出明显的增长趋势。与2019年报名参加汉语考试的人数相比，2020年的报名人数加了283人。毫无疑问，俄罗斯汉语考试政策的刚性调整，必将促进汉语教育的专业化和标准化发展，对汉语教育质量的提高起到了决定性作用。可以预测，未来俄罗斯的汉语教育无论在学习人数、汉语教师的专业化和本土化，还是在教材开发建设方面，都会产生质的飞跃。

目前，在波兰和塞尔维亚，无论在开设汉语课程的学校数量、学习人数，还是在办学层次方面，汉语教育在整体上一直向前推进，甚至在某些方面已取得了实质性的突破。但是，我们也必须看到，汉语仍未进入这两个国家的国民教育体系。在一些开设汉语课程的中小学校，汉语只作为第二选修课，目标只是"培养语言兴趣"。与此前相比，虽然波兰和塞尔维亚的汉语教育推广已取得长足进展，但仍缺少国家层面外语政策的刚性保障，在一定程度上制约了汉语教育的发展规模和速度。因此，为汉语教育的发展提供政策保障，成为波、塞两国共同努力的方向和目标。

第二节
斯拉夫国家的汉语教育

（一）斯拉夫国家的汉语师资

众所周知，师资是开展学校教育的第一要素。综观俄罗斯、波兰、塞尔维亚这三个国家的汉语师资情况，可以看到，这些国家的汉语教师队伍主要由本土汉语教师、中国公派的汉语教师和志愿者构成。其中，中国公派的汉语教师和志愿者成为孔子学院及其下设的中小学校汉语教学点开展教学工作的主力军。这样的师资结构，一方面是为了满足孔子学院汉语学科建设的实际需要，另一方面，当地本土汉语教师的严重缺乏，已无法满足孔子学院下设的中小学校汉语教学点的实际教学需求。因此，通常的做法是，由孔子学院派出汉语教师到当地中小学校进行授课。可以肯定的是，这种合作方式在短时间内能够解决本土汉语师资不足的问题，并且能够让当地学生接触到纯正的汉语，但暴露出来的问题也需要关注并尽快得到解决。

高等教育阶段的汉语师资情况相对较好，但整体上也不容乐观。部分高校较早设置的汉语专业拥有汉学家和固定的本土汉语教师队伍，但整体上看，也存在师资不足的状况。一些高校常常采取临时外聘汉语教师的方式，以便保证正常的汉语课堂教学。汉语教师的学历以本科毕业为主，硕士及博士较少。这样的状况不仅阻碍了汉语教育的本土化发展，也影响到当地学生对汉语及中国文化的接纳度。由此看来，本土汉语教师无论在数量上还是在质量上，都无法满足当前汉语教育的实际需求。优质的本土汉语师资的缺失成为当前汉语教育发展的短板。

斯拉夫国家在汉语师资方面的另一个共性问题是，大部分斯拉夫语言在中国的外语教育体系中属于小语种，很多公派的汉语教师和志愿者并不熟悉所在国的语言，这种情况造成师生沟通不畅，影响到了汉语课堂的教学进度与教学质量。另外，语合中心外派到斯拉夫国家的汉语教师资源严重不足。

从另一角度看，中国教师能够保持较好的职业热情，责任心较强，对待学生既有耐心又有爱心，能够采取各种灵活多样的教学方式来弥补语言沟通上的不足。但是，一些本土汉语教师的专业水平和教学能力较弱，他们的汉语发音不够标准，汉字书写也不太规范，对中国文化的理解也不透彻，从而影响到学生对汉语的学习兴趣及其学习效果。

鉴于当前斯拉夫国家的汉语师资紧缺的状况，我们认为，从汉语教育和汉学研究的可持续性发展角度来看，应加强对本土汉语教师的培养，优化师资结构。这不仅是当前汉语教育的迫切诉求，也是今后一段时间内需要尽快解决的实际问题。只有加强本土汉语教师队伍的建设，逐步让我国公派的汉语教师和志愿者从当地中小学课堂退出，将更多的本土汉语教师推上讲台，才能使汉语教育获得更大的发展。这才是斯拉夫国家汉语教育本土化发展的正确之路，也是我国汉语海外推广与传播的主旨。这既是孔子学院今后发展的目标，也是当地教育管理部门满足教育需求的政策转向。同时，我们也建议，要合理规划我国波兰语、塞尔维亚语等斯拉夫语专业的设置，制定合理的斯拉夫语言人才培养计划，培养既懂斯拉夫语言，又具备对外汉语教学能力的复合型人才。

（二）斯拉夫国家的汉语教材建设

如果说师资是学校教育的主要资源，那么教材就是开展教学的基本工具。教材在一定程度上决定了汉语教学的基本内容。我们很难评价，教师和教材哪个更重要，因为教材在汉语教学中的地位也十分重要。教材建设与教育机构管理，都是汉语教育海外推广与传播不可忽视的要素。目前，斯拉夫国家的汉语教材使用情况是：一方面，孔子学院使用语合中心提供的教材，在海外开展汉语教育与中外文化交流工作；另一方面，当地学校在开展汉语教学工作中，使用的教材各不相同。本书所探讨的汉语教材建设主要针对这两种情况。

1. 孔子学院的汉语教材建设

孔子学院的汉语教材由语合中心免费提供，各孔子学院根据汉语教学与开展中国文化推广活动的实际情况，选择相应的汉语教材。教材包括汉语教学用书（包括教师用书和学生用书）、音像制品及相关中国文化用品。教材与文化用品的数量既能满足汉语教学与中国文化推广活动的需要，又可以满足其他需要，如：建设孔子学院图书馆，定期举办汉语图书展览活动等。从俄罗斯、波兰、塞尔维亚这三个国家的孔子学院的教材使用情况来看，孔子学院中方汉语教师在开展汉语教学工作时，基本使用语合中心提供的教材。教材无论在数量上还是在质量上，都能基本满足汉语教学的需要。针对不同汉语水平、不同年龄段的学员采用的汉语教材也不同，而孔子学院的本土汉语教师则更愿意使用本土开发的汉语教材。中国学者与当地汉学家合作编写的汉语教材能够更好地融入中外文化，更充分考虑当地学习者的思维习惯、学习习惯以及语言意识等要素，所以学习者更容易接受。例如，俄罗斯汉学家Ивченко Тарас（易福成）与中国学者张晓光、赵延军合作编写的汉语教科书、学生练习手册、教师指导用书以及多媒体光盘和网络在线教材等，既适合孔子学院这种对成人进行的非学科学位汉语教育，又适合低年级的汉语专业的大学生使用。但是，这类教材少之又少。因此，这是今后汉语教材建设工作需要重点关注的方向。

2. 基础教育阶段的汉语教材建设

斯拉夫国家中小学校开设汉语课程的情况分为以下两种：第一种情况，学校自主开设了汉语课程，汉语作为第二外语选修课；第二种情况，作为孔子学院下设的汉语教学点，学校开设了汉语选修课。在第一种情况下，学校拥有自己的汉语教师，上课是否使用教材，使用什么样的教材，都由教师自主决定。在第二种教学情况下，孔子学院派出的汉语教师通常使用语合中心提供的教材。

由于汉语进入当地中小学校课堂的时间并不长,中小学校本土汉语教材建设工作相对薄弱,所以教材建设的发展空间很大。与波兰和塞尔维亚相比,俄罗斯的汉语教育历史更为悠久,本土汉语教材的开发和建设工作相对较好,这也得益于俄罗斯在汉语教育政策上的支持。在俄罗斯,汉语教材的开发与建设已提升到国家层面。

3. 高等教育阶段的汉语教材建设

无论是在俄罗斯、波兰,还是在塞尔维亚,这些国家的一些高校具有悠久的汉语教学与汉学研究历史。在教材建设方面,这些高校拥有较为成熟的本土汉语教材体系,一些汉学家编写的汉语教材成为汉语专业学生学习的经典用书。但不可否认,很多汉语教材内容比较陈旧,不能及时体现当代中国的发展成就,影响了学生对中国的正确认知。因此,在高等教育阶段,汉语教材建设努力的方向是:传承经典,与时俱进,推陈出新,不断开发出基于本土教学需要的汉语教材。

(三)斯拉夫国家民众的汉语学习状况

从语系划分和语言类型角度来看,汉语与斯拉夫语系的俄语、波兰语、塞尔维亚语等语种差异很大。这成为斯拉夫国家民众学习汉语的最大障碍之一。

对斯拉夫国家民众而言,汉语无论在语音、词汇、语法、词序还是汉字上，都无法让人感到轻松和愉悦。俄罗斯联邦教育与科学监督局负责人谢尔盖·克拉夫措夫指出："在国家统一指定的五个选考外语科目中，汉语要比另外四种欧洲语言更复杂。参加全国汉语统考科目的学生也认为，汉字测试是笔试中最难的。"①

  在俄罗斯，汉语快速成长为最具影响力和最具发展前景的语言之一，高等教育阶段的汉语专业学生出于各种动机选择学习汉语，并且目的性较强。虽然他们认为汉语很难学，但自身也能够坚持学习。在基础教育阶段的情况则不一样，汉语只作为第二外语选修课或兴趣班课程。有的学生选择了汉语，学习之初的兴趣也很高，并且古老而神秘的中国文化让他们非常着迷。但随着学习难度的加大，他们的学习兴趣也随之减退，一些学生出现了怕学、厌学等情况，所以学生弃学现象也比较常见。为了解决这个问题，很多汉语教师经常采用加大中国文化内容学习的方法来不断提高学生的学习热情，激发或保持他们的学习兴趣。在俄罗斯、波兰和塞尔维亚，学生学习汉语基本以"非学分"或"非升学"的兴趣班为主，学习较为随意，学到什么水平，学到什么时候，取决于每个学生的学习兴趣和学习时间。此外，从语言本身的角度来看，汉语的独特性对学生来说具有一定的挑战。我们对孔子学院汉语学习者所做的调查问卷统计结果显示，让汉语初学者感到学习有困难的原因，几乎全部指向"很难区别汉语的四个声调"，以及"汉字形状及其书写顺序"。

---

① Устная часть ЕГЭ по иностранному языку пройдет 7 и 8 июня, http://ege.edu.ru，访问日期：2019年12月7日。

例如，他们很难区分声母或韵母；声调不同的词组（如"睡觉"和"水饺"、"衣服"和"姨夫"等）常常让他们感到一头雾水。对于汉字，俄罗斯学习者感觉写汉字如同画画；波兰学习者感觉汉字像灌木丛一样摆在那里，书写汉字时常常不知从哪里开始。可以说，汉语的独特性吸引着斯拉夫国家的学习者，但其复杂性又在很大程度上削减了他们的学习兴趣和热情。

无论是俄罗斯、波兰，还是塞尔维亚，教育主管部门都在努力扩大中小学生学习汉语的范围，并且更加关注基础教育阶段汉语人才的培养。这里主要有以下两个原因：第一，孔子学院发挥的功能主要集中于社会语言培训、文化交流及拓展中小学校汉语的受众人群；第二，汉语人才的培养需要各层次教育不间断的衔接，高层次汉语人才的储备需要从基础教育阶段培养。因此，着眼于未来，扩大基础教育阶段的汉语学习人群，无疑是正确之举，因为高等教育阶段的汉语专业建设需要源源不断的生源。

第三节
斯拉夫国家的汉语服务需求

汉语海外推广与传播是一项长期的系统的工程。从国际汉语教育初期的"外延式"粗放型发展向"内涵式"精细化发展的转型，是目前及未来一段时间我们需要共同努力奋斗的目标。在转型过程中，对海外汉语服务需求的深入了解，是优化汉语教育的必要前提和基础。以俄罗斯、波兰和塞尔维亚为代表的斯拉夫国家的汉语教育，一方面表现出具有世界各国共同的汉语服务需求，另一方面又存在具有斯拉夫区域文化特点的发展需求。这些需求主要集中在明确汉语学习动机、优化汉语教材、发挥汉语的海外社会服务功能等方面。

（一）明确汉语学习动机

从心理学的角度分析，学习动机是一种动力倾向，能够引导学习者不断维持学习行为。任何一种学习行为都与一定的学习动机有关。汉语在俄罗斯、波兰、塞尔维亚等斯拉夫国家的推广和传播，具有良好的民众基础，但学习者的学习动机各不相同，既有内在因素，又有外部力量。

第一，从孔子学院学生的汉语学习动机来看，因对中国文化感兴趣而想了解汉语的学生占了多数。中国文化博大精深，孔子学院开展的各种中国文化活动都深深地吸引着当地的学生。而语言是文化的载体，语言承载着文化，人们对一个国家文化的了解需要以语言为支撑。因此，孔子学院在汉语教学之外的另一个重要功能，就是开展丰富多彩的中国文化展示和表演等活动，让更多的学生了解中国，学习中国文化，从而培养学习汉语的兴趣，带动汉语学习。

第二，孔子学院的一部分学生和高校汉语专业学生的学习动机主要指向学生未来的事业发展空间。他们希望通过学习汉语来谋求个人在未来更大的发展。因此，他们的学习动机较强，学习热情很高，能够克服语言学习上的困难，建立较为完整的汉语语言体系，并能主动了解中国文化、中国历史、中国艺术、中医等方面内容。可以说，他们是汉语学习的中坚力量。

第三，中小学生的汉语学习动机不够明确。以兴趣为主的汉语学习是当前中小学生的主要学习动机，汉语班级的组建以个人自由选择和学校行政命令分班的方式进行，并且汉语基本以第二外语选修课的方式存在，学生没有升学压力。俄罗斯中小学校的汉语教育，尤其是远东地区的中小学校汉语教育，已经走在波兰和塞尔维亚的前列。学生家长看到了学习汉语的未来价值，所以在基础教育阶段就开始注重对学生汉语学习兴趣和能力的培养。尤其是在汉语进入俄罗斯的国民教育体系后，学生的汉语学习兴趣获得了有力支撑。中小学生学习汉语的动机将不再以单纯的兴趣为主，更多的学生会怀着明确的学习目标选择汉语。此外，一部分社会民众来到孔子学院或校外培训机构学习汉语，是因为有了到中国旅游的热情和从事边境贸易的需要，这一点在俄罗斯远东地区孔子学院的汉语学习者身上有明显的体现。他们的学习更注重语言实践，追求"速成汉语"，希望能够学会如何用汉语讨价还价，能尽快掌握日常交际用语，了解中国的风土人情等。他们通常对中国怀有好感，甚至有一种所谓的"中国情结"。

鉴于以上分析，如何明确学习者的汉语学习动机是一个值得深入思考的问题。语言学习的动机之一是语言自身存在的价值。首先，从外部环境来看，自改革开放以来，中国经济发展所带来的各种利好是汉语学习者明确学习动机的最好诠释;其次,中国与斯拉夫国家在各领域开展的交流活动,将"语言互学"推向了新的高度;再次,从海外汉语教育推广与传播的角度看,随处可见的能代表中国软实力的广告会引发汉语学习者的学习兴趣;最后,中国"一带一路"倡议、构建"人类命运共同体"等思想为斯拉夫国家及其民众带来实实在在的发展机遇,而汉语恰好是民心相通、交流合作的桥梁。因此,明确汉语学习动机既是其内在需求,又是时代发展的必然结果。

(二)优化汉语教材

纵观俄罗斯、波兰、塞尔维亚的汉语教材储备、建设情况,从以下两个方面探讨汉语教材,仍是当前国际汉语教育发展的主要需求之一。

首先,需要探讨的是汉语教材优化的必要性。国际汉语教育的规模化发展对当下汉语教材的优化问题势必提出一定的要求。对汉语教材进行优化,首先要基于"汉语教材的有效性"这一前提。针对汉语教材的海外受众群体,现有的汉语教材与各国汉语教育实际情况不能有效融合,主要表现为"针对性不强"。斯拉夫国家汉语学习者需要的是一套考虑其语言文化特点的汉语教材,该教材易于接纳,方便使用。目前,汉语教材在文化元素布局、语言的功能性和系统性等方面不是很协调,导致教材的利用率不高。在实际教学过程中,还要考虑分层次教学所需的汉语教材,比如：孔子学院开展非学科学位汉语教学所需的教材，当地中小学校作为第二外语选修课的汉语教材，还有高等院校汉语专业学生使用的专业类汉语教材等。

其次，需要探讨的是"如何优化汉语教材"这一问题。针对海外汉语教学在教材方面的实际需求，如果我们盲目编写目标定位不太明确的教材，不仅造成人员、资金上的浪费，而且对提高汉语教学效果作用并不大。因此，优化汉语教材是对海外汉语教学服务需求的切实需要。针对使用人群的不同特征、汉语学习的难点及现有教材存在的问题，优化设计教材内容是最关键的问题之一。

（三）发挥汉语的社会服务功能

从当前国际汉语教育发展的途径来看，拓宽培养层次，深耕基础教育阶段汉语人才培养的土壤，有助于汉语教育的后续衔接。孔子学院在当地中小学校设立汉语教学点，充分体现了这一发展理念。在此基础上，孔子学院可发挥自身功能，充分起到"搭桥"的作用。针对社会性服务需求，孔子学院可开展"精准定位型"的汉语人才培养工作。汉语教育服务需求不仅体现在各级、各类学校对汉语人才的培养需求，而且包括斯拉夫国家的社会发展需求，以及中国驻外机构、企业对汉语人才的服务需求。目前，斯拉夫国家依然存在"汉语人才培养层次较低"的这一状况，一些为当地社区居民开设的汉语兴趣班可以简单地满足学习者了解中国文化的需求，同时可以提升民众对中国的信任度，但是，这种兴趣班主要实现的是语言的文化功能,采用的是一种短期的定位不清晰的汉语人才培养模式。高校的汉语专业课程主要专注于以教授汉语知识为核心的语言教学,但缺少与企业的对接与互动。这种汉语人才培养目标、定位、模式与现实社会对高端汉语人才的需求之间严重脱节。企业需要的是法律、科技等方面的汉语人才,这成为高校汉语人才培养的短板。

  鉴于这种情况,我们可采取"两手抓,两手都要硬"的办法:一方面,在基础教育阶段,要注意对汉语学习生源的拓展;另一方面,在高校,要重视社会对各类复合型高端汉语人才的培养。毕竟市场需求是语言人才培养的直接动力。俄罗斯远东地区与波兰、塞尔维亚的不同之处在于,其毗邻中国东北,长期以来的边境贸易以及旅游、文化、艺术、教育等方面的交流,使得俄罗斯远东地区的汉语需求存在较强的地域性特征。在俄罗斯远东地区,汉语被认为是非常实用的能够增加就业机会的外语。因此,俄罗斯远东地区的孔子学院可以在开展常规的汉语教学与文化交流的基础上,与当地旅游企业合作,为旅游从业人员开设旅游类的汉语培训课程,实现"汉语教育服务当地企业"这一社会服务功能。而针对波兰和塞尔维亚的中资企业中"无汉语人才"的现象,当地孔子学院可以尝试与中资企业开展深度合作,搭建"校企对接"平台,提供"订单式"汉语人才培养,采用"产教融合"的人才培养模式,为当地企业提供"专业+汉语"的高层次复合型汉语人才。这样的汉语人才培养模式既能优化汉语人才培养结构,又可以增加汉语人才的就业。在塞尔维亚,教育界还形成了这样一种共识：应成立"中塞两国高层次教育联合委员会"，对汉语教育教学发展给予全方位的监督与指导。而在塞尔维亚，汉学研究仍属于薄弱环节，原因在于：塞尔维亚缺少高层次的汉语人才，同时缺少研究经费。所以，塞尔维亚希望中国政府能给予专项资金支持，并在政策上有所倾斜，希望通过中、塞两国合作，培养、壮大汉学研究队伍，扩充汉学研究力量。

第四节
斯拉夫国家汉语教育存在较大的发展空间

从社会需求方面看，俄罗斯、波兰、塞尔维亚等斯拉夫国家的汉语教育存在较大的发展空间，主要原因如下：

第一，当前及未来一段时间，汉语人才的需求在全球范围内呈现出持续增长的趋势。随着中国经济及国家现代化进程的发展，世界各国学生的汉语学习热情持续高涨。无论是在开设汉语课的机构数量和办学层次上，还是在选择学习汉语的人数方面，很多国家都呈现出增长趋势。

第二，高等教育阶段的汉语专业学科学位教育有待加强。作为政治、经济和文化大国，中国在国际事务中发挥着越来越重要的作用，汉语在世界上也会具有越来越大的影响力。高等教育阶段的汉语专业学科学位教育有别于基础教育阶段的汉语语言素养教育，更具有语言的社会服务特性。但是，斯拉夫国家的汉语专业学科学位教育仍处于"小语种，小众化"的发展阶段。未来，随着汉语价值的提升，汉语专业学科学位教育将会有更加广阔的发展空间。

第三，俄罗斯、波兰、塞尔维亚对中国的研究（特别是对中国文化的研究）投入不足。随着这些国家积极融入亚洲经济文化市场，培养既懂汉语又懂中国文化的汉语专门人才和科研人才，将会成为这些国家外语教育发展的一个重要因素。

第四，与当前汉语教育在世界上的整体发展速度相比，斯拉夫国家的汉语教育发展水平有些滞后，所以需要加强政府层面的顶层设计与扶持力度。未来，中俄关系、中波关系和中塞关系将进一步发展，各国政府势必着力改善汉语教学条件，汉语教育（特别是汉语专业学科学位教育）将会有更好的发展前景。

第五，深化孔子学院开展的中国文化推介与交流活动，把关注的重点从文化活动的"量"转向文化本身的"质"。随着中国人对中国文化品牌意识的不断提升，中国优秀文化必将受到更多外国民众的认同。这在一定程度上可以夯实汉语教育可持续性发展的基础。

第六，孔子学院和孔子课堂在汉语推广和传播中继续发挥助推当地汉语教育发展的作用，努力将当地的汉语教育变成"舞台主角"。

第七，汉语教育的规范化和制度化是汉语推广与传播的基础。语合中心统一规划对外汉语教学大纲、课程标准和汉语教材，努力推广汉语水平考试（HSK）和中小学生汉语考试

（YCT）。HSK和YCT是检测学习者的汉语语言能力的国际性标准考试，也是外国学生申请中国各类奖学金项目来华留学的基础条件。含金量越来越高的汉语国际化标准测试，是衡量海外汉语教育发展质量的一把尺子。因此，汉语教育在海外的规范化和制度化，势必扩大汉语教育的海外发展空间。

与此同时，我们也要看到，在很长一段时间里，斯拉夫国家的"公共汉语"教育和"专业+汉语"教育的发展空间不会很大。根据欧洲国家高等教育阶段专业人才的培养方案，公共外语属于公共必修课，学生往往会选择自己在基础教育阶段学过的外语语种。这样选择主要有两个原因：其一，学生可以进一步提高自己所学外语的语言能力，以适应今后职场多语言交际的需要；其二，学生也能够大大地减轻外语学习压力。目前，斯拉夫国家在基础教育阶段的汉语课程大多数属于通识性课程，还没有成为外语必修课程。"专业+汉语"教育也同样面临这样的问题，因为汉语不属于欧盟多语言教学规定中的语种。对这些国家的大学生而言，中国的高等教育的吸引力远不如欧美各国。"专业+外语"教育主要集中在欧洲的官方语言上。另外一个不能忽视的原因在于，许多高校缺少汉语教师。

在各种类型的汉语教育中，通识性汉语教育的发展空间相对较大，主要原因在于以下三个方面：第一，中国提出"一带一路"倡议，希望共同构建"人类命运共同体"，中国在世界的影响力也在进一步扩大。第二，语合中心给予了大力支持。语合中心派出汉语教师和志愿者，提供汉语教材和资源，组织安排各种教学、科研和文化宣传等活动，在客观上帮助各国高校解决了开办汉语教育需要的经费、师资等问题。第三，在设有孔子学院的高校里开设汉语选修课程的条件不是很高。汉语选修课程通常由孔子学院的中国汉语教师讲授，他们教学有方法，也更有耐心，注重课程内容的丰富性和趣味性。学生在选修汉语课程的同时，可以选修中国文化、中国艺术和中国历史等课程，所以他们普遍希望把汉语当成选修课程来学习。因此，只要孔子学院继续支持当地高校开设汉语选修课程，高校选择汉语课程的人数就会不断增长。

整体而言，俄罗斯、波兰、塞尔维亚等国在高等教育阶段对汉语教育发展的需求较为旺盛，但制约汉语教育持续发展的因素也有不少。可以预见，在今后几年，这些国家在高等教育阶段的汉语学习人数将会持续、平稳地增长，各方面的条件也会更加完善。

第二章

俄罗斯远东地区的汉语教育

俄罗斯远东地区地处亚洲东部，南邻中国的黑龙江和乌苏里江，与黑龙江省和吉林省相邻。俄罗斯远东地区面积超过620万平方公里，包括哈巴罗夫斯克（伯力）边疆区、滨海边疆区、勘察加边疆区、阿穆尔州、萨哈林岛（库页岛）、犹太自治州、马加丹州、萨哈（雅库特）共和国、楚科奇自治区，行政中心为哈巴罗夫斯克边疆区首府哈巴罗夫斯克市。截至2019年1月30日，俄罗斯远东地区人口数量达到818.8万人。[①] 虽然俄罗斯远东地区是俄罗斯面积最大的联邦区，但人口数量只占俄罗斯总人口（约1.47亿人[②]）的5.6%左右。滨海边疆区、哈巴罗夫斯克边疆区、阿穆尔州是俄罗斯远东地区中人口相对比较密集的地区，这三个区的人口总数约为531万人，占俄罗斯远东地区全部人口的65%。同时，这三个区的

---

① Численность населения федеральных округов России，2019，http://www.statdata.ru/ naselenie-federalnyh -okrugov-rossii，访问日期：2019年12月9日。

② Население России: численность, динамика, статистика，http://www.statdata.ru/russia，访问日期：2020年2月29日。

经济、文化发展得比较好。这三个区与中国相邻，中、俄两国在开展边境旅游方面具有得天独厚的优势，在经济贸易、文化交流等方面互动频繁，因此，这三个区是旅游和文化交流发展比较好的区域。俄罗斯远东地区的高等教育机构主要集中在这三个区。这三个区分别设立了三所孔子学院，分别是远东联邦大学孔子学院、阿穆尔国立人文师范大学孔子学院以及布拉戈维申斯克（海兰泡）国立师范大学孔子学院。企业里的中国员工以及来这里学习的中国留学生有很多。

孔子学院是中国在世界推广汉语和中国文化的重要机构，孔子学院海外汉语教育的推广情况在很大程度上能够反映国际汉语教育的现状。因此，本章以俄罗斯远东地区设立的孔子学院为例，通过对汉语课堂教学、中国文化推广等方面进行调查与分析，同时对具有代表性的中小学校的汉语教学情况进行调查研究，旨在分析当前俄罗斯远东地区汉语教育实施过程中存在的一些问题，思考如何助推这些地区乃至全俄的汉语教育发展，最终为满足俄罗斯汉语教育的需求提供合理的建议和改善性策略。

第一节
俄罗斯远东地区孔子学院的汉语教育状况

孔子学院是语合中心创办的旨在全世界推广汉语、进行中国文化传播的重要平台，是中国与世界交流的窗口。孔子学院主要以开展汉语教学、中外教育等方面的交流与合作为主，其服务功能的具体定位是：开展汉语教学；培训汉语教师，提供汉语教学资源；开展汉语考试和汉语教师资格认证；提供中国教育、文化等信息咨询；开展中外语言文化交流活动等。孔子学院的发展模式突破了传统意义上的高等院校和中小学校的汉语教育框架。2004年11月，中国在韩国首尔创建了全球第一所孔子学院。截至2019年12月30日，中国在全球162个国家（或地区）建立了550所孔子学院和1172个孔子课堂。其中，中国在俄罗斯建立了19所孔子学院和4所孔子课堂，具体情况如表2.1所示。

表2.1 俄罗斯孔子学院/孔子课堂一览表

序号	孔子学院/孔子课堂	设立时间	外方合作院校	中方合作院校
1	莫斯科国立大学孔子学院	2007.09	莫斯科大学	北京大学
2	莫斯科国立语言大学孔子学院	2010.03	莫斯科国立语言大学	北京外国语大学
3	俄罗斯国立人文大学孔子学院	2006.12	俄罗斯国立人文大学	对外经济贸易大学
4	圣彼得堡国立大学孔子学院	2006.11	圣彼得堡国立大学	首都师范大学
5	喀山联邦大学孔子学院	2007.04	喀山联邦大学	湖南师范大学
6	伏尔加格勒国立社会师范大学孔子学院	2010.06	伏尔加格勒国立社会师范大学	天津外国语大学
7	梁赞国立大学孔子学院	2010.03	梁赞国立大学	长春大学
8	下诺夫哥罗德国立语言大学孔子学院	2010.05	下诺夫哥罗德国立语言大学	四川外国语大学
9	乌拉尔联邦大学孔子学院	2007.12	乌拉尔联邦大学	广东外语外贸大学

（续表）

序号	孔子学院/孔子课堂	设立时间	外方合作院校	中方合作院校
10	卡尔梅克国立大学孔子学院	2007.11	卡尔梅克国立大学	内蒙古大学
11	新西伯利亚国立技术大学孔子学院	2007.04	新西伯利亚国立技术大学	大连外国语大学
12	托木斯克国立大学孔子学院	2007.11	托木斯克国立大学	沈阳理工大学
13	伊尔库茨克国立大学孔子学院	2006.12	伊尔库茨克国立大学	辽宁大学
14	布里亚特国立大学孔子学院	2007.07	布里亚特国立大学	长春理工大学
15	远东联邦大学孔子学院	2006.12	远东联邦大学	黑龙江大学
16	布拉戈维申斯克国立师范大学孔子学院	2007.05	布拉戈维申斯克国立师范大学	黑河学院
17	阿穆尔国立人文师范大学孔子学院	2010.10	阿穆尔国立人文师范大学	哈尔滨师范大学
18	新西伯利亚国立大学孔子学院	2018.07	新西伯利亚国立大学	新疆大学
19	克拉斯诺亚尔斯克阿斯塔菲耶夫国立师范大学孔子学院	2019.04	克拉斯诺亚尔斯克阿斯塔菲耶夫国立师范大学	内蒙古师范大学
20	莫斯科1948教育中心孔子课堂	2010.11	莫斯科1948中学	上海外国语大学附属中学
21	圣彼得堡私立补充教育"孔子"东方语言文化学院独立孔子课堂	2007.12	圣彼得堡私立补充教育"孔子"东方语言文化学院	无
22	俄罗斯国立职业师范大学文化工作交流室广播孔子课堂	2007.03	俄罗斯国立职业师范大学	中国国际广播电台
23	彼尔姆第二中学孔子课堂	2014.03	彼尔姆第二中学	青岛第二中学

从表2.1可以看出，俄罗斯的19所孔子学院和4个孔子课堂分布在俄罗斯各个地区的主要城市。其中，俄罗斯的欧洲部分开设了8所孔子学院和2个孔子课堂，俄罗斯中部及西伯利亚地区建立了8所孔子学院和2个孔子课堂，俄罗斯远东地区共有3所孔子学院。在俄罗斯人口比较密集的欧洲部分，孔子学院相对较多，而中俄边境贸易及边境旅游活动开展得红红火火的俄罗斯远东地区却只有三所孔子学院。这三所孔子学院的俄方合作机构分别是：位于滨海边疆区的远东联邦大学，位于阿穆尔州的布拉戈维申斯克国立师范大学，位于哈巴罗夫斯克边疆区的阿穆尔国立人文师范大学。本章内容介绍了这三所孔子学院近几年的基本运营、发展情况，以及汉语师资、教材建设、学员的汉语学习等情况。

（一）俄罗斯远东地区孔子学院的基本情况

1. 远东联邦大学孔子学院

俄罗斯远东联邦大学孔子学院于2006年12月正式建立，位于俄罗斯最具活力和发展前景的城市之一——符拉迪沃斯托克（海参崴），是俄罗斯最早建立的一所孔子学院，中方合作院校为黑龙江大学。该院拓宽了俄罗斯远东地区汉语教育与中国文化传播的发展空间。自该院建立以来，学生人数不断增长，吸引着不同社会阶层的俄罗斯人前来学习汉语，了解中国文化。

2. 阿穆尔国立人文师范大学孔子学院

阿穆尔国立人文师范大学孔子学院于2010年10月10日正式建立，中方合作院校为哈尔滨师范大学。阿穆尔国立人文师范大学孔子学院开设的汉语课程根据学员的汉语水平进行划分，包含零起点班、初级班、中级班、高级班四个层次。学员年龄跨度很大，既有学龄前儿童，又有退休人员。这里的汉语教学工作由中国汉语教师（中国公派的汉语教师和志愿者）和俄罗斯本土汉语教师共同承担，但以中国汉语教师授课为主。

3. 布拉戈维申斯克国立师范大学孔子学院

布拉戈维申斯克国立师范大学孔子学院于2007年5月5日正式建立。该院位于与中国黑河只有一江之隔的布拉戈维申斯克市，中方合作院校为黑河学院。独特的地理位置和便利的交通使两国边境旅游和贸易得到了很好的发展，孔子学院为有意学习汉语的俄罗斯民众提供了良好的条件。布拉戈维申斯克市可以学习汉语的地方有很多，但私立的语言培训机构收费较高，而孔子学院与私立的语言培训机构不同，有自己的目标定位，学费相对较低。在这里学习汉语的人员不仅有学生、普通市民，还有政府部门的工作人员，很多学员学会汉语后就进入旅游公司工作，或在中资企业从事翻译工作。

目前，俄罗斯远东地区这三所孔子学院的汉语教育都是以非学历教育为主，开设的汉语课程并没有纳入这三所大学的学分体系当中，因此，孔子学院汉语教育的传播模式与社会上的汉语培训机构有些相似，对学员的学习没有约束力，学员到孔子学院来学习汉语完全凭个人兴趣，而孔子学院的汉语教学主要以提升学员的学习兴趣为主。这三所孔子学院的汉语教师队伍由中国公派的汉语教师和志愿者、俄罗斯本土汉语教师一起构成，中国教师和志愿者成为孔子学院汉语教师队伍的主力军。远东联邦大学孔子学院的汉语课堂教学完全由中国汉语教师采用全汉语授课模式。该孔子学院自建立以来，一直缺少俄罗斯本土的汉语教师。图2.1是俄罗斯远东地区三所孔子学院在2017—2018年的汉语师资情况。

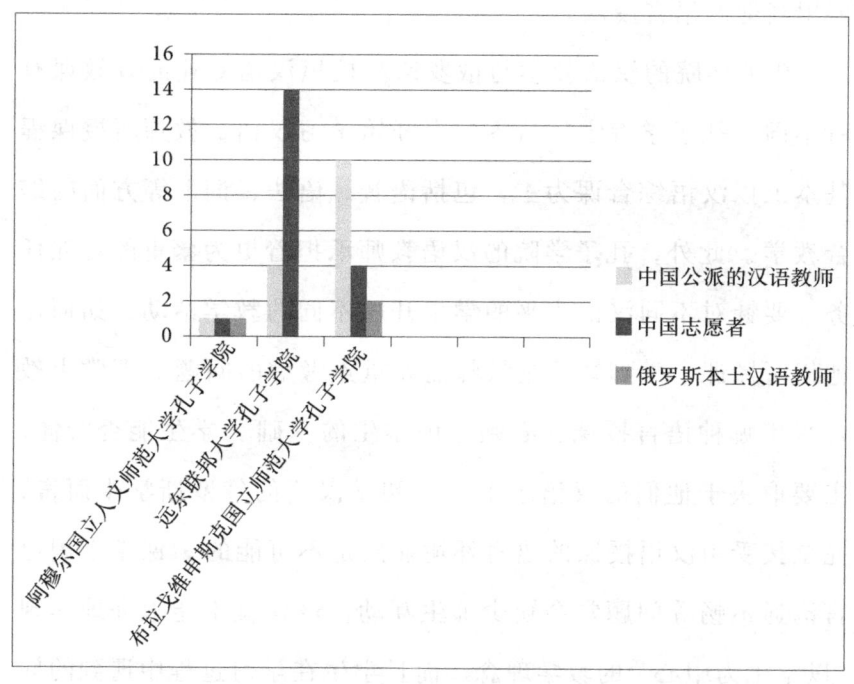

图2.1　俄罗斯远东地区三所孔子学院汉语师资情况

（2017—2018年）

（二）俄罗斯远东地区孔子学院的汉语教学状况

1. 授课语言

俄罗斯远东地区三所孔子学院的汉语教学基本上以中国的公派汉语教师和志愿者授课为主。从调查结果来看，孔子学院的汉语教师在课堂上采用汉语或俄语进行授课的情况各不相同。远东联邦大学孔子学院和阿穆尔国立人文师范大学孔子学院的汉语教师可以用当地的语言进行教学，布拉戈维申斯克国立师范大学孔子学院的部分中国汉语教师因为不懂俄语，就不能用当地的语言授课。

孔子学院的汉语教学与俄罗斯高校里汉语专业的外教课有所不同，孔子学院学生从零起点开始学习汉语，教师所授课程基本上以汉语综合课为主，包括语音、语法、词汇等方面的综合教学。此外，孔子学院的汉语教师承担着更为繁重的备课任务，要针对不同汉语水平的学生开展不同的教学活动，如何让他们听懂课、学到知识是教师需要重点考虑的问题。课堂上教师采用哪种语言授课，必须考虑学生的基础。学生能否听懂，主要取决于他们的汉语水平。对初学汉语的俄罗斯学生而言，完全接受用汉语授课的语言环境显然是不可能的。课堂上因语言沟通不畅等问题常会缺少师生互动，这样就不能很好地体现"以学生为中心"的教学理念，而且学生在学习过程中遇到的问题也无法及时从教师那里获得答案。无法让学生听懂老师的讲授内容，既达不到良好的教学效果，又会导致学生对汉语慢慢失去兴趣。

　　对于具有中级汉语水平的学生，课堂上教师主要以汉语授课为主，即在课堂上完全采用汉语来完成教学活动，在学习语法时可以适当地使用俄语进行解释。这样做既能让学生听懂并掌握语法规则，又能让他们学习到真实而标准的汉语。教师还可以灵活使用汉语和俄语同时授课。在学生不能完全正确理解教师所讲的内容时，教师可以用俄语进行解释。对具有高级汉语水平的学生而言，完全采用汉语授课的方式是可行的，也是比较受欢迎的。

　　另外，语合中心要求派出的汉语教师必须掌握所在国的语言，但是大部分汉语教师的外语水平达不到用所在国语言进行授课的程度。因此，他们不能在课堂上灵活地运用所在国的语言来解决用汉语授课时出现的"互相听不懂"的问题。针对学生"喜欢哪种语言授课"这一问题，我们对孔子学院的学生进行的问卷调查结果显示，不同汉语水平的学生回答的结果也是不同的。零起点班学员普遍要求用俄语授课，但在课堂教学组织环节希望教师使用汉语进行教学。中级班学员希望尽可能多地用汉语，如果有听不懂的地方，他们希望教师能用俄语解释，并能及时回答他们的问题。具有高级班的学生则一致希望教师完全用汉语授课，因为他们想听到标准的汉语，以便尽快提高自身的汉语水平。本次调查以阿穆尔国立人文师范大学孔子学院为例，对不同汉语水平的班级实地发放问卷共65份，收回问卷65份，有效问卷65份。问卷调查结果见表2.2。

表2.2　阿穆尔国立人文师范大学孔子学院汉语课堂问卷调查情况

汉语班	授课语言需求	备注
零起点班	俄语为主，汉语为辅	学生希望多听汉语。教师可以用汉语说简单用语，用俄语释义
初级班	俄语和汉语各一半	
中级班	汉语为主，俄语为辅	学习语法时用俄语解释
高级班	全汉语授课	

阿穆尔国立人文师范大学孔子学院通常由本土汉语教师来教零起点班的学员。不能用俄语解释语法现象的中国公派汉语教师或志愿者，则教不依赖俄语授课的高级班学员。对于既需要学习语法，又需要纯正汉语语言环境的中级班学员，学院会安排俄语水平较好的中国汉语教师进行授课。

2. 教材使用情况

由于孔子学院的运营主要依靠语合中心的财政拨款，孔子学院所用的汉语教材基本上由语合中心赠送，教材从中国配送至世界各地的孔子学院。在俄罗斯远东地区的三所孔子学院的课堂上，教学所用的教材以中国出版社出版的汉语教材为主，而俄罗斯本土汉语教师授课则以俄罗斯学者编写的汉语教材或教师自编的汉语教材为主。孔子学院针对不同课型、不同汉语水平、不同年龄段的学生采用的汉语教材也不同。俄罗斯远东地区三所孔子学院所用汉语教材情况如表2.3所示。

表2.3 俄罗斯远东地区三所孔子学院的汉语教材使用情况

孔子学院名称	所用汉语教材情况		
阿穆尔国立人文师范大学孔子学院	中文版教材	8种	《新实用汉语课本》(刘珣,北京语言大学出版社,2007年版)
			《体验汉语(生活篇)》(朱晓星,高等教育出版社,2006年版)
			《汉语新起点》(《汉语新起点》编写委员会,教育科学出版社,2004年版)
			《汉语新目标》(《汉语新目标》编写委员会,教育科学出版社,2004年版)
			《新编汉语新目标》(Ивченко Тарас,教育科学出版社,2012年版)
			《当代中文(汉字本)》(吴中伟,华语教学出版社,2009年版)
			《快乐汉语(俄文版)》(李晓琪等,人民教育出版社,2009年版)
			《汉语乐园(俄文版)》(刘富华等,北京语言大学出版社,2007年版)
	俄罗斯本土教材	1种	《基础汉语语法》(А.П. Кошкин,俄罗斯ВКН出版社,2016年版)
布拉戈维申斯克国立师范大学孔子学院	中文版教材	7种	《汉语新目标》(《汉语新目标》编写委员会,教育科学出版社,2004年版)
			《汉语新起点》(《汉语新起点》编写委员会,教育科学出版社,2004年版)
			《汉语会话301句》(康玉华等,北京语言大学出版社,2009年版)
			《赢在中国——商务汉语》系列教程(季瑾,北京语言大学出版社,2010年版)
			《快乐汉语(俄文版)》(李晓琪等,人民教育出版社,2009年版)
			《汉语乐园(俄文版)》(刘富华等,北京语言大学出版社,2007年版)
			《新实用汉语课本》(刘珣,北京语言大学出版社,2007年版)
	俄罗斯本土教材	无	

（续表）.

孔子学院名称	所用汉语教材情况	
远东联邦大学孔子学院	中文版教材	2种	《汉语教程》（杨寄洲，北京语言大学出版社，2009年版） 《快乐汉语（俄文版）》（李晓琪等，人民教育出版社，2009年版）
	俄罗斯本土教材	无	

从表2.3可以看出，俄罗斯远东地区三所孔子学院所用的汉语教材基本相同，都以语合中心赠送的教材为主。由于以俄语为母语的汉语学习者数量远低于以英语为母语的汉语学习者，所以中国出版的俄文版汉语教材也比较少。俄罗斯各孔子学院中国汉语教师所用的汉语教材大体相同。略有不同的是，远东联邦大学孔子学院的汉语教材选用的是由杨寄洲编写的《汉语教程》，该教材适用于不同汉语水平的学生。阿穆尔国立人文师范大学孔子学院俄方院长安德烈·巴普洛维奇·科什金（А. П. Кошкин）是著名的汉学家，也是俄罗斯远东地区本土汉语教师培训中心的负责人，其编著的汉语教材及汉语语法书不仅被阿穆尔国立人文师范大学汉语专业学生及孔子学院本土汉语教师使用，而且俄罗斯很多高校的汉语专业学生也都选用了该教材，该教材内容更符合俄罗斯人的心理和社会生活。

3. 孔子学院对当地本土汉语教师的培训

对俄罗斯本土汉语教师进行培训是俄罗斯远东地区孔子学院

的一项重要工作。阿穆尔国立人文师范大学孔子学院是俄罗斯远东地区唯一一所由语合中心正式批准设立的汉语教师培训中心。该中心自2012年设立以来，每年春季定期对本土汉语教师进行培训，培训课程既有汉语语法教学与研究方面的内容，又有中国文化方面的内容。本土汉语教师的培训由孔子学院组织、筹备，培训对象为当地大、中、小学校的汉语教师，培训周期一般为三天时间，培训内容包括：汉语教学法及经验交流，到当地中小学校的汉语课堂进行观摩，本土汉语教师与中国汉语教师开展公开课，并举行讨论会。会议组织者会给开展公开课和观摩课的教师颁发荣誉证书。孔子学院的中国汉语教师与俄罗斯本土汉语教师经常进行教学经验交流与分享活动，还会深入俄罗斯中小学校的汉语课堂听课，对本土汉语教师进行教学指导。远东联邦大学孔子学院作为俄罗斯较大的一所孔子学院，从建立至今，为俄罗斯本土汉语教师的培训工作作出了重要贡献。该院每年都会为贝加尔地区和勘察加地区的汉语教师举行汉语教学法、教学理论等方面的培训活动，并且与俄罗斯远东地区和后贝加尔地区的多所高校和中小学校建立了密切的合作关系，进而指导当地教师顺利完成汉语教学工作。

对俄罗斯本土汉语教师的培训，不仅能促进汉语教师同行间的交流与经验切磋，而且有助于深入了解当地一线汉语教师的服务需求，为提高汉语课堂教学质量以及汉语在当地的可持续发展提供更有针对性的帮助。因此，对汉语教师的培训，已成为助推当地汉语教育教学发展的重要交流平台。

（三）俄罗斯远东地区孔子学院学生的汉语学习状况

1. 学习汉语的动机

近年来，俄罗斯远东地区民众学习汉语的热情越来越高。2013—2019年，俄罗斯远东地区三所孔子学院注册的学生人数呈逐年递增趋势。针对孔子学院学生学习汉语的动机问题，我们利用自己在当地一所孔子学院工作的机会，对俄罗斯远东地区三所孔子学院的学生进行了问卷调查。调查采用实地发放问卷的方式，共发放问卷160份，收回问卷153份，除去无效问卷4份，有效问卷为149份。调查结果见图2.2。

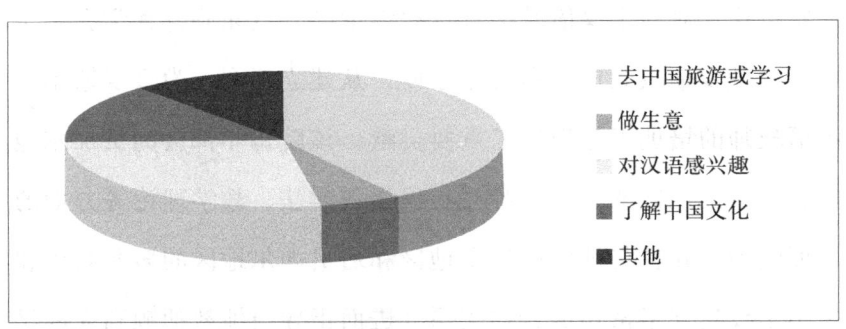

图2.2　俄罗斯远东地区三所孔子学院的学生学习汉语的动机

从本次统计结果来看，"去中国旅游或学习"所占比例最大，这主要有以下两个方面的因素：

首先，孔子学院学生的年龄从几岁到几十岁不等；从班级划分上看，有儿童班、少年班、成人班等，不同年龄段的学生学习动机各不相同。成人班的学生学习汉语主要是从兴趣出发,对中国文化感兴趣,想了解中国的语言和文化。由于俄罗斯远东地区在地理位置上紧邻中国,来中国旅游的俄罗斯游客越来越多,因此,学会汉语便于去中国旅游和购物,成为孔子学院学生学习汉语的主要动机之一。

其次,中国政府每年都会为孔子学院的学生提供来中国留学或进修的奖学金和来华参加夏令营活动的机会,这些项目成为吸引俄罗斯中学生和大学生来孔子学院学习汉语的主要动机。参加夏令营活动既可以进行语言实践,又可以亲身感受中国文化,所以该项目受到孔子学院学生的欢迎。

对于本次问卷调查,也有少部分学生选择"其他"。我们进一步访谈了解到,这些学生想把汉语作为自己的一项语言技能,希望以后能找到一份与汉语相关的工作,例如:在中俄贸易公司当翻译,到旅行社当国际导游等。学习汉语可为这部分学生的未来发展找到一条新的就业之路。有明确学习目标的人通常能够保持较为持久的学习行为,例如:打算毕业后去中国读大学或读硕士、博士的学生通常学习比较刻苦,自律性较强。学生在学习初期能够保持浓厚的学习兴趣,但随着汉语学习难度加大,他们的学习兴趣可能会逐渐减弱。这样的学生在孔子学院占了很大的比例。汉语被认为是世界上最难掌握的语言之一,并且与俄语差异较大,因此,如何保持俄罗斯学生学习汉语的持久性,是汉语教学当中值得深入探讨的问题。

2. 汉语的难易度

汉语在俄罗斯人心中是一种什么样的语言，难易程度如何。针对这一问题，我们进行了问卷调查，调查对象为俄罗斯远东地区三所孔子学院的学生。统计数据表明，认为汉语"难"和"很难"的占了很大比例。还有相当一部分学生认为，汉语的难度"还可以"；只有一小部分学生认为，汉语比较"简单"；只有个别学生认为汉语"很简单"。统计结果如图2.3所示。

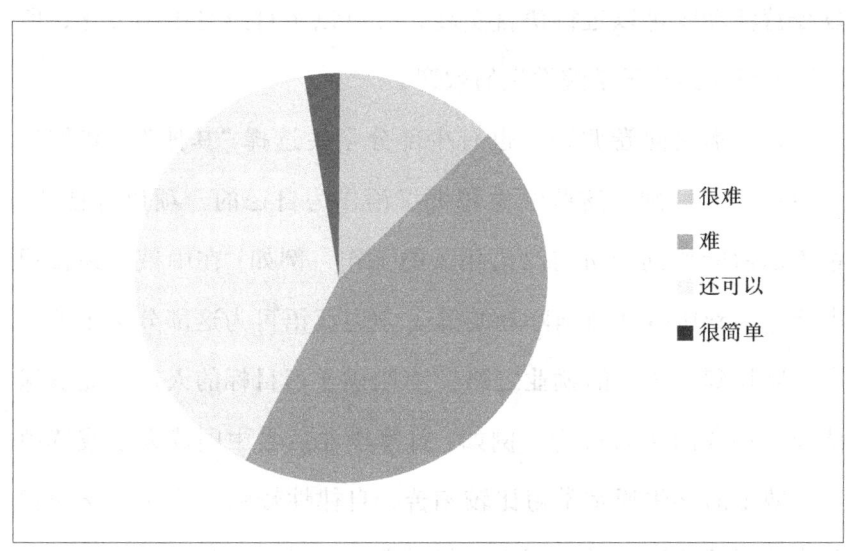

图2.3 俄罗斯远东地区三所孔子学院的学生学习汉语的难易度

根据调查结果，针对俄罗斯学生普遍认为的"汉语难学"这一问题，即对俄罗斯学生学习汉语产生干扰和影响的因素是什么，我们对俄罗斯远东地区三所孔子学院学生进行了问卷调查，调查采用发放问卷的方式。本次调查一共发放问卷160份，收回问卷153份，除去无效问卷7份，有效问卷共146份，调查结果如图2.4所示。学生们普遍认为，影响学习的因素主要在于汉语的语音、词汇和语法等"硬件"方面。汉语属于汉藏语系，俄语为印欧语系，二者属于完全不同的语系。因此，汉语对俄罗斯人来说是一种全新的语言。除去"硬件"，"学习方法"等"软件"也同样占了很大的比例。

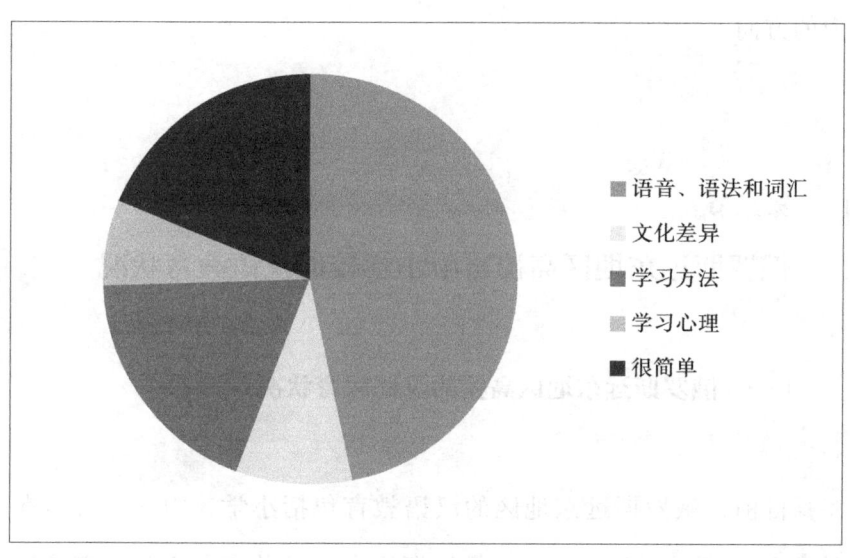

图2.4 俄罗斯远东地区三所孔子学院学生学习汉语的影响因素

综上所述，从我们对俄罗斯远东地区三所孔子学院学生的调查结果来看，虽然孔子学院的汉语教学和文化交流活动开展得非常好，发展势头强劲，但仍存在诸多现实问题。

此外，俄罗斯远东地区孔子学院需要提高汉语的社会服务功能。当前，孔子学院并没有充分发挥汉语的社会服务功能，其工作主要在课堂教学与中国文化传播两个方面，与当地中资企业对接较少。服务于当地中资企业，为中资企业的俄罗斯员工提供汉语培训，将孔子学院与企业培训有机结合，签订校企合作协议，推荐孔子学院优秀毕业生到中资企业实习或工作……这些举措既能为孔子学院的学生学习汉语提供动力，扩大孔子学院的招生数量，又能促进中资企业在当地的发展。这是孔子学院未来需要努力的方向。

第二节
俄罗斯远东地区高校与中小学校的汉语教育状况

（一）俄罗斯远东地区高校的汉语教育状况

目前，俄罗斯远东地区的汉语教育包括小学、中学、大学本科及硕士研究生四个层次。俄罗斯远东地区共有各级各类高等教育机构近百个，其中哈巴罗夫斯克边疆区有16所公立大学（其中包括6个分校）和33个中等职业教育机构。俄罗斯远东地区有7所大学开设了汉语专业课程。阿穆尔共青城市是俄罗斯远东地区的第三大城市，也是俄罗斯远东地区的工业中心和文化中心。截至2019年1月30日，阿穆尔共青城市的人口数量为24.6万人，占哈巴罗夫斯克边疆区总人口的19%。该市有2所大学，分别是阿穆尔国立人文师范大学和阿穆尔共青城国立大学。

本节以符拉迪沃斯托克市（海参崴）的远东联邦大学、哈巴罗夫斯克市的太平洋国立大学、阿穆尔共青城市的阿穆尔国立人文师范大学和阿穆尔共青城国立大学为代表，介绍俄罗斯远东地区高校的汉语教育状况。

1. 远东联邦大学[①]

远东联邦大学的前身是俄罗斯东方学院，于1899年11月8日正式建立。2011年，俄罗斯教育主管部门根据俄罗斯总统签署的文件，将当地四所高校合并，组建了远东联邦大学。该校历史悠久，是俄罗斯远东地区规模最大、最具有创新性的国际知名高等教育机构。该校培养出了一大批汉语翻译人才，其汉语教研实力在俄罗斯排名第三。该校共有9个学院，其中东方学院——区域与国际研究院下设11个教研室，包括：亚洲太平洋教研室，国际关系教研室，亚太国家语言教研室，中国学教研室，语言学与跨文化交际教研室等。中国学教研室主要培养汉语专业人才，该教研室师资力量雄厚，有教授、副教授多名，都具有汉语博士学位或在中国进修过汉语。中国学教研室的课程设置比较合理，开课数量较多，并且理论课和实践课相互结合。该教研室开设了汉语口语、汉语书面语、汉语句法、汉语修辞学、中国文学、中国文化史、中国哲学引论、汉语艺术

[①] 相关信息参考远东联邦大学官方网站，https://www.dvfu.ru，访问日期：2020年1月12日。

学文本分析、翻译理论与实践、汉语词汇学、汉译俄、俄译汉、中国古汉语等23门专业课程。学生通过论文答辩后方可获得汉语专业学位。汉语专业毕业生就业前景好，一些学生会选择到中国继续学习汉语。

2. 太平洋国立大学[①]

太平洋国立大学下设6个学院和6个系（这6个系与学院一样，拥有同等地位）。2015年，远东国立人文大学并入太平洋国立大学，建立了太平洋国立大学师范学院。师范学院下设的东方学与历史系有两个教研室：东方语言教研室和俄罗斯史历史教研室。东方语言教研室主要培养汉语专业的大学本科和硕士人才。东方学与历史系的语言学专业人才培养有本科和硕士两个层次。本科生学制为5年，通过论文答辩才能获得翻译学专业学位。硕士研究生学制2年，通过论文答辩才能获得语言学硕士学位。该校的汉语学科基础扎实，师资力量较强，很多教师具有汉语博士学位。汉语专业的毕业生就业前景比较好，一般会进入旅游公司或跨国企业工作，或者进入高校从事汉语教学工作。因此，很多学生希望能到太平洋国立大学师范学院的东方学与历史系学习汉语。另外，东方学和历史系的国外区域学研究方向的硕士研究生也与汉语人才培养有关。该方向的研究生需要学习英语，还必须掌握一门或两门与本研究方向有关的语言。

---

① 相关信息参考太平洋国立大学官方网站：http://pnu.edu.ru，访问日期：2020年1月19日。

3. 阿穆尔共青城国立大学[①]

阿穆尔共青城国立大学位于阿穆尔共青城市，是一所专门培养工程技术类人才的高等学府。该校的汉语人才培养由人文社会学院的外语教研室和语言学与跨文化交际教研室共同承担。外语教研室在1958年5月8日正式设立，教授英语、德语和法语。经过几次合并后，最终形成了现在的外语教研室。如今，该教研室的教师为工程类专业和人文社会学专业的学生教授英语、韩语、德语、日语和汉语等。该教研室相当于我国高校中的公共外语教研室。语言学与跨文化交际教研室专门为翻译学专业的大学生开设汉语课程，学习时间为2年。该教研室的主要目标是：培养学生的汉语口语和书面语等方面的能力。真正具有学位授予权的教研室是语言学与跨文化交际教研室。该教研室设置的翻译学专业主要培养具有专业学位的外语类人才，学制5年，学生毕业后可获得由学校授予的翻译学专业学位。

近几年，该校的汉语专业招生人数呈增长趋势，例如：在2014—2018年，每年汉语专业的招生人数分别为：8人（2014年）、10人（2015年）、20人（2016年）、42人（2017年）、56人（2018年）。由于该校属于理工类院校，并且汉语学科的学位教育发展时间较短，所以该校的汉语人才培养力量相对较弱。主要表现如下：

首先，汉语专业的教材数量比较少。该校使用的汉语教材

[①] 相关信息参考阿穆尔共青城国立大学官方网站：https://knastu.ru，访问日期：2018年1月19日。2018年1月，该校由"阿穆尔国立技术大学"更名为"阿穆尔共青城国立大学"。

主要是俄罗斯出版的教材，如：1986年出版的《汉语基础教程》（Основной курс китайского языка, Задоенко Т. П., Хуан Шуин, Издательство Наука, 1986），2007年由俄罗斯东方出版社出版的《实用汉语教程》（上册和下册）以及2016年出版的《基础汉语语法》，其余教材主要以教师发给学生的讲义为主。汉语教师也经常使用中国出版社出版的汉语水平考试用书，对学生进行听力训练，并在课堂上播放中国电影以及中国文化专题片。

其次，汉语师资力量也较弱。该校缺少固定的优秀汉语教师，经常出现更换汉语教师的现象。该校有些学生选择在业余时间到该市的孔子学院学习汉语，以便提高自己的汉语口语水平，希望自己毕业后能找到更好的工作。

从整体上看，该校汉语专业的师资力量比较薄弱，教材资源比较少，学生也缺少语言进修的机会。因此，该校的汉语专业教育存在很大的发展空间。

4. 阿穆尔国立人文师范大学[①]

阿穆尔国立人文师范大学位于阿穆尔共青城市。与该市的阿穆尔共青城国立大学相比，阿穆尔国立人文师范大学的外语类人才培养（尤其是汉语人才的培养）更具实力。该校的语文学与跨文化交际系共有四个教研室，其中，第一外语与翻译学教研室和第二外语与汉学教研室共同培养汉语人才。虽然这两个教研室联

---

① 相关信息参考阿穆尔国立人文师范大学官方网站：http://amgpgu.ru，访问日期：2019年10月26日。

合培养汉语人才的时间并不长，但经过十多年的发展，汉语师资力量变得越来越强，不仅有致力于汉语教学工作且具有高级职称的汉学家，而且拥有在中国取得博士学位的汉语教师。学校每年还聘请中国汉语教师当外教。因此，无论从教师的学历、职称，还是教学经验，该校的汉语教师队伍都是比较好的。此外，汉语课程的设置也较为合理，课程内容比较丰富，理论课与实践课紧密结合。更为重要的是，该校汉语人才培养的外围环境也非常有利于汉语专业的建设。该校建有孔子学院，孔子学院经常和语文学与跨文化交际系联合举办各种文化及教学活动。该系的教师和学生积极参与其中，强化了学生的语言交际能力，拓宽了教师和学生们的视野。该系不仅与校内的孔子学院形成了良好互动，而且与中国的多所大学建立了长期的合作关系。该系的汉语专业学生在读大学三年级时可以选择到中国的高校里进修汉语。在教材的使用上，除了俄罗斯本土的教材，该校还使用《新实用汉语课本》（刘珣主编）和《新编汉语新目标》（由中、俄专家合作编写）。目前，该校在教材方面存在的主要问题仍然是：俄罗斯本土的教材数量少，教材内容过于老旧，更新速度较慢等。目前，该校还不具备汉语专业研究生的培养资质，学生想要攻读硕士研究生，一般途径是：通过获得孔子学院奖学金、中国政府奖学金等，到中国的高校学习。

（二）俄罗斯远东地区中小学校的汉语教育状况[①]

俄罗斯的中小学校实行"一贯制"，学制为11年。如果按照中国的学制阶段划分，相当于"小学阶段4年，初中阶段5年，高中阶段2年"。2009年，俄罗斯正式开始了"国家统一考试"模式（相当于我国的"高考"），国家统一考试的科目共14门，其中外语科目为英语、法语、德语和西班牙语这四种语言。因此，俄罗斯中小学校开设的外语课程都是纳入高考外语科目的语种，其中英语为第一外语，是必修课。有些中小学校在开设以英语为第一外语的同时，还开设了第二外语。第二外语一般为德语、法语和西班牙语。虽然俄罗斯在一些中小学校也开设了汉语，但汉语并未大量普及。俄罗斯中小学校的汉语教学普遍以兴趣培养为主，汉语学科的师资力量整体不足。

由于学习汉语的中小学生人数逐年增多，因此，俄罗斯于2014年开始实行中学生"汉语结业统考"模式。2015年，俄罗斯进行了第一次汉语统一考试。2017年11月2日至3日以及2017年11月8日至9日，在这两个时间段，俄罗斯举行了两场汉语统一考试。全俄共有10个地区近千名9年级和11年级的学生参加了考试。汉语考试结构与其他外语考试结构相似，包括笔试和口试。9年级学生的汉语考试时间共166分钟，其中，160分钟是笔试时间，6分钟是口试时间。11年级学生的汉语考试时间为192分钟，其中，

[①] 本部分内容参考：王凤英：《俄罗斯远东地区中小学汉语教育发展研究》，载《继续教育研究》，2019年第6期，第110—112页。

180分钟是笔试时间，12分钟是口试时间。①据俄罗斯哈巴罗夫斯克边疆区政府新闻处发布的消息，哈巴罗夫斯克边疆区6所中小学校的100多名学生参加了这次考试。俄罗斯《消息报》引用了莫斯科国立国际关系学院汉语教研室副教授奥莉加·马斯洛韦茨的话："汉语考试材料是根据新的国家教育标准的要求编写的，并且具有与欧洲语言一样的标准结构。迄今为止，汉语考试科目在俄罗斯还没有统一的大纲。仅在不同地区的大学或中学里，会有汉语教师自己编写的教学材料。"该报道称，根据方案要求，具有汉语初级水平的11年级毕业生应该做到：在正式和非正式交流场景下进行对话；谈论自己的计划和生活环境；阅读不同体裁的文本；写个人信件、填写表格等。2018年，俄罗斯联邦教育测量网站公布了11年级学生参加国家统一考试（汉语科目）的样卷。与其他科目的外语考试一样，汉语考试内容包括笔试和口试两部分。笔试试卷分为"听力""阅读""语法、词汇、汉字"与"写作"四大部分，共42道题。口试有3道题：第一题，用汉语对给出的情景提出5个问题；第二题，按照提纲描述三幅图片中的任意一幅图片；第三题，用汉语说出两幅图片的相同之处与不同之处。2018年秋季，在俄罗斯所有参加全国统一考试（汉语科目）的学校进行了汉语模拟考试。按照11年级毕业班学生的说法，掌握汉字是考试中最难的部分。②

---

① http://obrnadzor.gov.ru/ru/press_center/news/index.php?id_4=6530，访问日期：2020年1月15日。
② В 2019 году можно будет сдать ЕГЭ по китайскому язку，https://postupi.online/journal/novosti-ege/v-2019-godu-mojno-budet-sdat-ege-po-kitayskomu-yaziku，访问日期：2019年12月25日。

我们所选的主要调查对象是：阿穆尔共青城市第一学校，阿穆尔共青城市第九学校，阿穆尔斯克市第二学校，哈巴罗夫斯克市第四东方语言学校。我们对这四所学校进行了调研，以点带面，希望勾勒出当地基础教育阶段汉语教学的全貌。其中，我们对阿穆尔共青城市第一学校和第九学校、阿穆尔斯克市第二中学的调查方式采用的是访谈形式。根据阿穆尔共青城市政府教育处公布的数据显示，截至2019年12月30日，该市共有普通中等教育机构38个，在校生人数为2.6万人。① 其中，以汉语为第二外语选修课的中小学校有10所。从2013年开始，阿穆尔共青城市第九学校将汉语教学正式纳入学校教学计划当中，与德语一起成为学生的第二外语。学生从5年级开始学习汉语，至9年级结束，一共要学习五年。俄罗斯中小学校的第一外语为英语，学生从2年级开始学习英语，从5年级开始学习第二外语，第二外语可以选修德语、法语、汉语等。该校的第二外语选修课采用分班制形式。原则上，学校采用行政命令的方式指定分班，也有个别学生可以按照自己的学习兴趣来选择第二外语。2018年，阿穆尔共青城市第九学校约有100名学生选择了汉语。该校共有两名汉语教师，他们都具有汉语翻译学专业学位，并在中国进行过短期的汉语进修，其中一位教师还通过了汉语水平考试（HSK）第三级，并达到汉语水平口语考试（HSKK）中级水平。通过对阿穆尔共青城市第九学校的汉语课堂进行调研后我们发现，教师在课堂上基本上都用俄语授

---

① Паспорт муниципального образования городского округа, Город Комсомольск-на-Амуре, https://www.kmscity.ru，访问日期：2020年2月29日。

课，偶尔也会使用汉语。

　　阿穆尔共青城市第九学校的汉语教学情况比较好，汉语课时饱满，每周有4次，每次3节，一周有12节。教师一般使用2013年由俄罗斯出版的列普尼亚科娃等人编写的汉语教材，该套教材以俄罗斯联邦教育部制定的《普通中等教育标准》为依据，并配有练习册和听力光盘。该教材内容新颖，时代感强，凸显了语言的交际功能和跨文化交际内容。汉语教学在这所学校越来越受重视。从2018年秋季开始，学校将汉语课从5年级至9年级的学习时间，延长到从5年级至11年级的学习时间，以提前应对俄罗斯教育与科学部关于"2019年将汉语纳入全国统一考试"的教育政策。可以说，该校对国家外语政策的调整做了较好的前期准备工作。

　　阿穆尔共青城市第一学校于2011年开始将汉语课纳入学校课程体系。该校是阿穆尔共青城市第一个把汉语课当成第二外语选修课的学校。经过近十年的发展，该校教师积累了比较丰富的汉语教学经验。通过对该校汉语教师的访谈后我们得知，该校的第一外语为英语，第二外语有法语、日语和汉语。学生并不能自由选择第二外语，而是学校以行政命令的方式对学生进行分班学习。学生从2年级开始学习第二外语，一直学习到11年级，共学习10年。可以说，第二外语教学几乎贯穿了整个基础教育阶段。该校为2年级至9年级的学生开设了汉语课程，一周2次，每次1节课，每节课45分钟。2017—2018学年，该校各个年级学习汉语的学生共有200人。该校共有两名汉语教师，均为汉语专业毕业生，拥有五年制专业学位，教学经验比较丰富，教学方法灵活多样。

对于低年级学生的汉语课程，教师以培养和提升学生的学习兴趣为主。学生使用的汉语教材是由北京语言大学出版社出版的《汉语教程》（杨寄洲主编）。必要时，教师也会发给学生一些补充学习材料。俄罗斯基础教育阶段实行的是教材免费制。学校从2018年开始使用由北京语言大学出版社出版的《汉语乐园》（刘富华等著）系列教材。

阿穆尔斯克市公立第二中学于2017年秋季开始设置汉语课程，学生从2年级开始学习汉语，使用的是由北京语言大学出版社出版的《汉语乐园》（刘富华等著）系列教材。虽然该校开设的汉语课程只有三年时间，但该校从一开始就非常重视营造汉语学习的氛围，学生积极参加该市举办的中国文化宣传活动，教师带领学生感受中国文化的魅力，培养学生学习汉语的兴趣。

以汉语为第二外语的中小学校，不仅能让学生在课堂学习汉语知识，了解中国文化，而且在学校的组织下，学生能够积极参加该市孔子学院组织的各种中国文化体验活动。孔子学院对该市的中小学校汉语教学起到了引领作用。目前，越来越多的中小学生参加了由当地孔子学院组织的汉语水平考试（HSK）。从整体上看，汉语成为该市中小学校继英语之后的第二大外语。借助孔子学院的教学与文化宣传之力，该市有越来越多的中小学校开设了汉语课程。

哈巴罗夫斯克作为哈巴罗夫斯克边疆区的行政中心城市，并没有设立孔子学院，但在该地区，以汉语为第二外语的中小学校逐渐增多。据哈巴罗夫斯克市政府教育主管部门公布的数据显示，哈巴罗夫斯克市共有公立中小学校72所。其中，把汉语当成第二外语的学校有7所。需要着重指出的是，哈巴罗夫斯克市第四东方语言学校[①]是一所公立中学，于1967年8月8日正式建立。该校建立之初为哈巴罗夫斯克市第四十八中学，是一所专门培养外语人才的学校。1992年，该校由"第四十八中学"改名为"第四东方语言学校"，并且扩大了语言学习范围，主要学习东方语言，如汉语、韩语、日语等。与其他中小学校的外语设置情况不同的是，汉语等东方语言是该校的第一外语，也是其办学特色。学生从2年级开始分班学习汉语、韩语或日语，直到11年级结束，每个班的人数在20—30人之间；英语属于第二外语，学生从5年级开始学习。该校的汉语教材既有本校教师自编的本土教材，也有中国出版社出版的《汉语新起点》系列教材（见表2.4）。学生在学习汉语课程的同时，还要学习其他课程。以2年级的学生为例，给学生开设的课程有俄语、数学、文学阅读、体育、周围世界、造型艺术、计算机、音乐课、汉语等。该校汉语教师人数较多，师资力量强，教师教学经验丰富，并且他们具有丰富的编写中学汉语教材的经验。这里的汉语教学质量非常高，学生的汉语水平有目共睹。2019—2020学年，该校共有8名学生在全俄中学生汉语奥林匹克大赛中获奖。

[①] 相关信息参考哈巴罗夫斯克市第四东方语言学校官网，http://www.g4-khv.ru，访问日期：2019年11月4日。

表2.4　哈巴罗夫斯克市第四东方语言学校汉语课程开设情况
（2016—2017学年）

年级	每周学时	总学时	教材	教师
2年级	3小时	102小时	1.《汉语（2年级）》(Тын. К.В., 莫斯科教育出版社，1991年版) 2.《汉语新起点（第2册）》(《汉语新起点》编写委员会，北京教育科学出版社，2004年版)	Ионкина О. С. Евтухова Т. Н. Лукашина А. Ю. Калашникова И.В.
3年级	4小时	136小时	1.《汉语（3年级）》(Тын. К.В., 莫斯科教育出版社，1991年版) 2.《汉语新起点（第3册）》(《汉语新起点》编写委员会，北京教育科学出版社，2004年版)	Ионкина О. С. Евтухова Т. Н. Музалевская Л.В.
4年级	4小时	136小时	1.《汉语（4年级）》(СурановаЕ.И. ЕвтуховаТ.Н. ЛукашинаА. Ю., 莫斯科教育出版社，1991年版) 2.《汉语新起点（第4册）》(《汉语新起点》编写委员会，北京教育科学出版社，2004年版)	Калашникова И.В. Семенова Е.А. Евтухова Т.Н.
5年级	4小时	136小时	《汉语（5年级）》(Суранова Е.И., Ионкина О.С., Евтухова Т.Н., 莫斯科教育出版社，1991年版)	Суранова Е.И Ионкина О.С.
6年级	4小时	136小时	《汉语（6年级）》(Девяткина О.Д., 莫斯科教育出版社，1991年版)	Музалевская Л. В. Евтухова Т.Н.
7年级	4小时	136小时	《汉语（7年级）》(Девяткина О.Д., 莫斯科教育出版社，1991年版)	Евтухова Т.Н. Лукашина А. Ю.
8年级	4小时	136小时	《汉语（8年级）》(Девяткина О.Д., 赤塔，后贝加尔国立大学出版社，2007年版)	Калашникова И.В.

（续表）

年级	每周学时	总学时	教材	教师
9年级	4小时	136小时	1.《汉语（9年级）》（Суранова Е.И.，后贝加尔国立大学出版社，2007年版） 2.《汉语新起点（第9册）》（《汉语新起点》编写委员会，教育科学出版社，2004年版）	Музалевская Л.В. Ионкина О.С.
10年级	3小时	102小时	《汉语（10年级）》(Суранова Е.И.，后贝加尔国立大学出版社，2007年版)	Семенова Е.А. Калашникова И.В.
11年级	3小时	102小时	《汉语（11年级）》(Суранова Е.И.，后贝加尔国立大学出版社，2007年版)	Суранова Е.И. Калашникова И.В.

在汉语教材方面，在很长一段时间里，俄罗斯中小学校基本上无固定的汉语教材，主要以汉语教师的讲义为主，由教师自行安排教学内容。随着孔子学院在俄罗斯的建立，中国出版社出版的一些汉语教材进入俄罗斯的大学和中小学校。更为重要的是，汉语成为俄罗斯统一考试的外语科目之一。因此，编写符合俄罗斯中小学教育标准的汉语系列教材迫在眉睫。很多俄罗斯汉语教育工作者编写了多种供中小学校学生使用的汉语系列教材。2010年以后出版的中小学汉语教材就有10多种，大大方便了俄罗斯中小学校一线汉语教师开展汉语教学工作。2018年，俄罗斯出版了一套适用于普通中等教育机构5—9年级学生使用的汉语系列教材——《该学汉语了》(Время учить китайский)。该

系列教材由具有丰富经验的中国学者与俄罗斯汉语专家根据《俄罗斯联邦普通中等教育国家教育标准》共同编写，并由俄罗斯的出版社和中国的出版社合作出版。其中，汉语教材由俄罗斯西佐娃（A.A. Сизова）和中国学者共同编写，相关配套教材（如习字帖、练习册、教师用书及教学大纲等）由西佐娃单独编写（如图2.5和图2.6所示）。该套汉语教材的一个主要特点是：以中国国情文化知识为主，内容的设计充分考虑了学生的年龄和心理特点，吸收了当代最前沿的教育教学实践成果等。该系列汉语教材充分重视汉语语言实践，首要目标就是培养学生的跨文化交际能力。

汉语教材的出版在一定程度上解决了俄罗斯国内中小学校缺少汉语教材的问题，有助于提升汉语教师的备课质量，并从整体上大大提升俄罗斯中小学校的汉语教学质量。

图2.5　俄罗斯汉语系列教材《该学中文了》

图2.6　俄罗斯汉语系列教材《该学中文了》的配套用书

（三）俄罗斯远东地区汉语教育发展的有利条件

俄罗斯远东地区凭借自身的地理位置优势，与中国东北地区在政治、经济、旅游、文化、教育等多个领域开展了密切的交流与合作。来自俄罗斯远东地区的游客，成为黑龙江省入境旅游的主体。在东北三省的进口食品中，俄罗斯食品随处可见。而在俄罗斯远东地区的各个城市，来自中国的服装、水果、蔬菜等在商店和超市也随处可见。俄罗斯远东地区的很多城市与中国的城市建立了友好城市关系，例如：哈巴罗夫斯克市与哈尔滨市建立了国际友好城市关系，阿穆尔共青城市与中国黑龙江省的佳木斯市和陕西省的渭南市结为友好城市。这大大加深了两国城市间的友谊，促进了两国在旅游、教育、文化等方面的互动与交流。两国边境贸易与边境旅游业发展较快，并且成为俄罗斯远东地区经济发展的一个重要增长点。而这样的发展态势需要更多的汉语人才，因此，孔子学院在该地区需要发挥推广汉语、传播中国文化、增进两国民众友谊的功能，从而助推俄罗斯远东地区汉语教育的发展。

俄罗斯远东地区的三所孔子学院对该地区的汉语教育发展、中俄民间文化交流等起到了举足轻重的作用，意义深远。除了开展汉语课堂教学，孔子学院每年举办的各种中国文化传播活动都深深地吸引着对中国文化感兴趣的俄罗斯民众。中国文化通过孔子学院进行传播，不仅对俄罗斯民众的日常生活产生了影响，而且加深了中、俄两国人民的相互理解与信任。很多俄罗斯老年人在孔子学院学习中国文化，学唱中国歌曲，研习中国书法与国画，练习太极拳等。俄罗斯民众在孔子学院的影响下，对中国的发展也有了真正意义上的了解。可以说，孔子学院是俄罗斯民众正确认识和了解中国的一个窗口。在俄罗斯，想学习汉语的人越来越多，这不仅体现在2015—2017年孔子学院的学生人数上（见图2.7），而且在孔子学院的影响下，孔子学院所在的城市中，越来越多的公立中小学校及私立外语培训机构开始增设汉语课程。此外，俄罗斯远东地区的这三所孔子学院都有自己的汉语教学点。

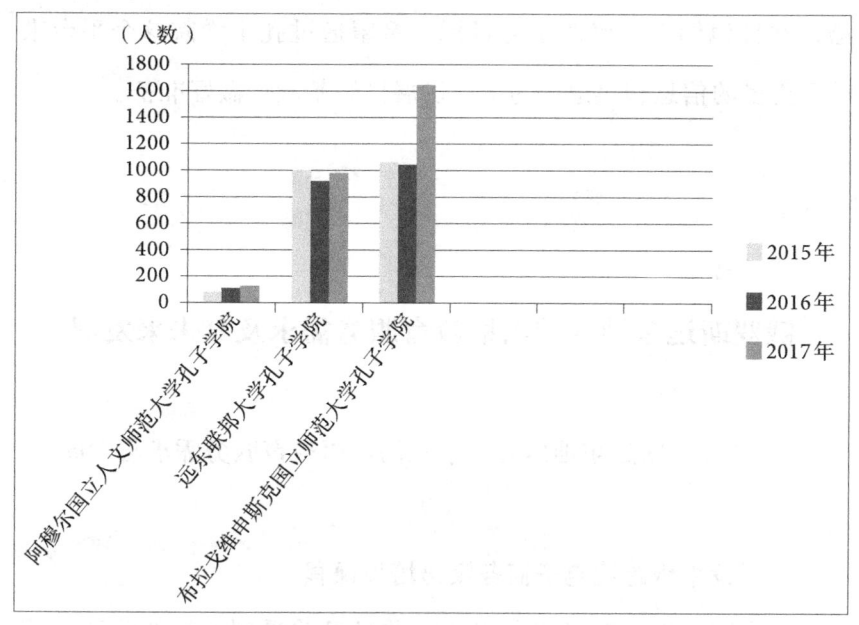

图2.7 俄罗斯远东地区孔子学院的学生数量（2015—2017年）

由阿穆尔国立人文师范大学孔子学院创办的"大学生汉语奥林匹克大赛"和"中小学生汉语奥林匹克大赛"，吸引着越来越多的俄罗斯学生加入其中。这两个汉语大赛每年春季各举办一次，对该地区乃至整个俄罗斯的汉语教学水平的提高起到了重要作用。

另外，随着中国经济的不断发展，中国吸引了越来越多的外国人。中国政府设立的孔子学院奖学金项目对俄罗斯的学生具有很强的吸引力。对俄罗斯的学生来说，这个奖学金项目是他们学习汉语的巨大动力。通过奖学金项目，孔子学院的学生有机会参加中国的夏令营活动，这既是一次汉语实践活动，也让他们亲眼看到中国的发展。因此，越来越多的学生来到孔子学院来学习汉语，并且他们有明确的学习目标，希望通过孔子学院这个平台来获取更多的信息和渠道，为未来发展打好基础，做好准备。

第三节
俄罗斯远东地区的汉语教育服务需求及其未来发展

（一）俄罗斯远东地区孔子学院的汉语教育服务需求与发展

1. 开设中俄跨境电子商务汉语培训课程

在中国，电子商务迅猛发展，并且日益受到人们的欢迎。网上购物、手机支付等使人们的日常生活更加便捷。在俄罗斯，中国的商品通过互联网直接进入了俄罗斯人的购物车，在网上购买中国商品已成为他们生活的一部分。中国电子商务的发展在世界上也是比较领先的，而俄罗斯跨境电子商务和配套的跨境物流发展相对比较缓慢。我们对俄罗斯远东地区三所孔子学院的调查结果显示，只有阿穆尔国立人文师范大学孔子学院还没有开设经贸类汉语课程。另外两所孔子学院在已开设的经贸类汉语课程的基础上，增设了中俄跨境电子商务汉语培训课程。中俄跨境电子商务的发展势必扩大汉语专业人才的需求，而学习电子商务等实用性课程可以提升俄罗斯学生的就业能力。为汉语水平较高的学生开设电子商务课程，把他们培养成汉语实践能力强、行业针对性强的中俄电子商务人才，是当前市场发展的迫切需要。

2. 加大中俄旅游人才的培养力度

与中俄边境旅游与贸易发展不协调的是，俄罗斯一直缺少精通汉语的旅游从业人员。俄罗斯旅游业的发展相对比较缓慢，而且旅游人才培训工作相对滞后。俄罗斯远东地区的中俄边境游仍以"团队游"为主，散客较少，因此，培养一批精通汉语的俄罗斯旅游从业人员是很有必要的。对此，俄罗斯远东地区的三所孔子学院可以发挥其社会服务功能，对当地俄罗斯旅游从业人员进行汉语培训，在提高他们汉语水平的同时，使他们对中国文化及当代中国的发展有一个全面、深刻的了解。

目前，俄罗斯人出境旅游的主要目的国为中国、泰国、越南等亚洲国家。其中，中国边境游业务占了很大比例。因此，在孔子学院的汉语教学中增加旅游知识方面的培训课程，符合俄罗斯远东地区旅游业发展的实际需求。孔子学院可以与当地的旅游机构建立合作关系，为他们开设旅游方面的系列汉语课程，如《汉语导游业务》《旅游汉语》等。孔子学院还可以为学生开设以"旅游在中国"为主题的汉语沙龙兴趣课，课程以食、住、行、游、购、娱等环节为主，借助现代化多媒体教学设备，将悠久的中国历史文化与当代中国的发展现状介绍给俄罗斯学生，引导他们在兴趣中学习汉语，同时掌握旅游方面的基础知识。

3. 汉语教材的编写应体现时代性和适用性

需要指出的是，在孔子学院使用的汉语教材中，中国出版社出版的俄文版汉语教材也被很多俄罗斯的大学和中小学校采用，并且有较大的受众群体，在一定程度上弥补了俄罗斯本土汉语教材的不足。当然，这些教材内容也存在一定的问题。例如，由于中、俄两国人民在思维习惯、文化背景等方面的差异，中国出版社出版的汉语教材中有一些语言知识点在俄文对等翻译方面并不符合俄罗斯人的理解习惯，而在俄罗斯的本土汉语教材中也存在中文释义不到位、知识点不全面等问题，这些问题会影响学习者对汉语的正确理解和把握。

此外，俄罗斯本土的汉语教材整体上存在内容陈旧、知识更新较慢等问题。有些俄罗斯学生使用的仍然是20世纪80年代出版的汉语教材。这种教材虽然语法比较经典，但教学内容已经不能反映当代中国的发展状况，不利于俄罗斯学生从课本中了解当今快速发展的中国。近年来，俄罗斯的汉语教师们越来越重视汉语教材的编写工作。他们出版了一系列实用性较强的汉语教材。现在，中、俄双方学者、教师共同合作，共同编写汉语教材，将两国国情、语言文化知识融入教材，教材内容更加丰富。汉语教材的编写既要体现知识性、趣味性、实用性和时代性，还要更多地站在俄罗斯学习者的角度，多关注中俄语言之间的差异，使之能达到"教师好用、学生爱用"的效果。

4. 建立区域性汉语教学质量评估体系

当前，俄罗斯远东地区三所孔子学院的汉语教育无论在学生人数上，还是在开展的中国文化活动的频次上，都取得了可喜的成绩。从汉语教学质量和教学效果来看，以汉语水平考试（HSK）和汉语水平口语考试（HSKK）为检验标准，学生可以根据自己所学的汉语知识选择相应级别的考试。俄罗斯远东地区这三所孔子学院都承担着汉语水平考试的任务，每年都会组织当地的学生参加HSK和HSKK（见表2.5）。HSK/HSKK是衡量孔子学院教学质量的标准之一。

表2.5　俄罗斯远东地区孔子学院每年举办HSK/HSKK的情况

孔子学院名称	HSK/HSKK的考试次数
阿穆尔国立人文师范大学	2次/年
远东联邦大学孔子学院	4次/年
布拉戈维申斯克国立师范大学孔子学院	4次/年

当前，孔子学院的汉语课堂教学在课程设置上保持了独立自主的原则，教师教学主要以零起点及初级阶段的汉语教学为主，缺少区域性汉语教学质量考评标准。因为HSK和HSKK是收费项目，是否参加这类考试取决于学生本身，因此，并不是所有学生都愿意参加这类考试。鉴于此，制定俄罗斯区域性汉语教学质量测评标准是非常有必要的，对提高汉语课堂的教学质量大有裨益。

（二）对俄罗斯中小学校汉语教学的思考与建议

1. 提高俄罗斯中小学校本土汉语教师的学历水平

由于俄罗斯中小学校的本土汉语教师基本上以专业学位为主，教师的口语水平和理论水平普遍不高。因此，提高俄罗斯本土汉语教师的学历水平是一个非常现实的问题。然而，在俄罗斯远东地区高校中的汉语专业普遍以培养五年制专业学位的毕业生为主，并且具有汉语专业硕士学位授予权的高校很少，目前仅有太平洋国立大学和远东联邦大学这两所大学。俄罗斯本土汉语教师如果想要提高学历水平，可选择的高校并不多。语合中心提供的俄罗斯本土汉语教师来华进修项目，为他们提供了一个良好的学习机会。但是，如果能够利用俄罗斯本土高校的汉语师资力量来提高当地中小学校汉语教师的学历水平，则能从整体上提高当地中小学校教师的汉语水平，从而提高汉语课堂教学的质量。

2. 培养俄罗斯中小学生的汉语书写习惯和能力

汉语语音、词汇和语法是俄罗斯学生学习汉语的难点。俄罗斯学生普遍存在的一个问题是汉字难记。阿穆尔共青城第九学校的学生从5年级开始选修第二外语，第二外语包括德语、法语和汉语。但是，6年级学生在学习了一年的汉语后还不太会写汉字。虽然独特的中国文化能够吸引学生加入学习汉语的队伍，但接下来的汉字书写让他们感受到了学习的难度。书写速度慢（尤其是错误的书写习惯）为后续学习造成一定的阻力。害怕写汉字，抵触写汉字，成为俄罗斯学生普遍存在的心理。而且，俄罗斯中小学校的汉语教师在教学中并不重视汉字的书写规范。如何培养学生的汉字书写习惯，是俄罗斯中小学校汉语教师应该认真思考的问题，也是汉语推广与传播中应该认真思考和解决的问题。

中国出版社出版的汉语习字帖种类很多，临摹起来也很方便，但它们缺少汉字书写笔顺示例，对开始学习写汉字的俄罗斯学生并不能起到正确的示范作用，学生往往像画图画一样随意书写汉字。错误的书写习惯一旦养成就很难改正。目前，针对外国中小学生编写的能培养书写习惯的习字帖市面上还很少见。由人民教育出版社出版的俄文版《快乐汉语》和北京语言大学出版社出版的《汉语乐园》等教材，都配有练习册和教师指导用书，课后习题中有少量的汉字书写练习。但这还不够，还应该提供与教材配套的习字帖，指导学生专门进行汉字书写训练。具有趣味性的书写训练，能够帮助他们夯实汉语学习基础。目前，中国国内开发研制的在线汉字笔顺演示软件使汉字教学更加便捷，也增添了汉语课堂的学习乐趣。

3. 为俄罗斯本土汉语教师编写《汉语课堂用语》

由调研结果可知，中国出版社出版的供俄罗斯中小学校学生使用的俄文版汉语教材在俄罗斯比较受欢迎，如《快乐汉语》《汉语乐园》等。但是，这些汉语教材只注重教材本身的开发，忽视了教师辅导用书、学生练习用书等配套材料的设计。俄罗斯中小学校的本土汉语教师希望在课堂上用汉语组织课堂教学，但他们掌握的汉语课堂用语并不规范。我们在调研中发现，当地汉语教师使用的汉语课堂用语经常会出现一些"不地道"的情况。因此，我们建议中、俄专家齐心合作，为俄罗斯汉语教师共同编写一本名为《汉语课堂用语》的参考书。这样做，能够帮助教师规范使用汉语课堂用语，提升汉语课堂的教学质量。

4. 为俄罗斯教师提供暑假汉语研修班

语合中心为了推动海外汉语教育事业的发展，支持各国本土汉语教师的专业发展，在教师培训方面推出了很多项目，其中最重要的项目是外国本土汉语教师来华研修，研修课程由中国的大学在本校开设，相关费用由语合中心承担。研修课程内容主要包括汉语专业知识、汉语教学技能、汉语教学法、汉语测试与评估、汉语教材、中国文化与中国国情、中外文化对比等。研修项目有助于中、俄两国汉语教师相互交流教学经验，提高课堂教学质量，获取最新信息。我们通过对俄罗斯中小学校汉语教师的访谈得知，这样的研修项目很受欢迎。但是，他们希望能够利用暑假时间来中国进修。因此，研修项目最好在暑假进行，就不会影响到他们正常的教学工作。

第三章 波兰的汉语教育

波兰地处欧洲腹地,是欧洲地区比较有影响力的国家之一,其国土面积为32万平方公里。截至2019年6月底,波兰的人口数量达到3839万,其中波兰族约占97%,此外还有德意志、白俄罗斯、乌克兰、犹太等少数民族。① 波兰经济在欧盟经济体量中占有一定的分量。2019年,波兰的经济总量在欧盟经济体量中排第7位。波兰是中东欧地区经济体量最大的国家,经济持续增长,失业率逐年下降。此外,波兰的投资环境非常好。《美国新闻和世界报道》于2018年3月发布的"2018全球最佳投资国排名"中,波兰位列第三。根据人类发展指数(HDZ),波兰在"2019年人类发展指数排行榜"上排第32位。根据联合国社会发展指标,波兰的世界排名是第39位,属于"高度发达国家"。

中、波两国友好合作关系源远流长。1949年10月7日,波兰

---

① 《波兰国家概况》,外交部网站:https://www.fmprc.gov.cn/web/gjhdq-676201/gj-676203/oz-678770/1206-679012/1206xo-6790141,访问日期:2020年2月8日。

与中国正式建交，所以波兰是最早与中国建立外交关系的国家之一。1951年6月成立的中波轮船股份公司，是我国的第一家合资企业，该企业发展至今，中、波双方合作良好。2004年，中、波两国建立了友好合作伙伴关系。2011年，中、波两国正式签署了《中波关于建立战略伙伴关系的联合声明》，两国关系上升到了一个新台阶。2013年，习近平主席提出"一带一路"倡议后，波兰成为"一带一路"建设在欧洲地区的重要节点。

波兰是中东欧地区进行汉语教学与研究较早的国家。随着中国经济的快速发展、国际影响力的提升以及中国政府对汉语向国际传播的支持，波兰的汉语教育开始由"点"到"面"，从"高冷"的汉语专业与汉学研究逐步走进中小学校的课堂，形成了当今"汉语教育在波兰全面发展"的局面。

本章涉及的信息与数据来自中、波两国政府部门、科研院所和新闻媒体官方网站等公布的相关信息和资料，并参考了波兰汉语教师和汉语学习者的意见和建议。

第一节
波兰外语教育概况

波兰的外语教育开始于公元10—11世纪。天主教传入波兰后，教士阶层和贵族阶层需要系统学习拉丁语，于是波兰的天主教会开办了拉丁语培训课程。随着波兰对外交往日趋频繁，欧洲国家的语言教学在波兰逐渐展开。到了近代，波兰的外语教育开始面向全世界。

波兰拥有悠久的外语教育传统，但在波兰"社会转型"[①]之前，俄语在波兰外语教育中一直占有绝对优势。在义务教育阶段，绝大多数学校开设的外语课程是俄语课程，只有部分学校开设了第二外语课程（语种通常是英语或德语）。当时，只有少量的学生有机会接触英语和德语，学生的年龄段主要集中在15—19岁。

从1990年开始，波兰的外语教育与欧盟的外语教育体系积极融合。1990年，波兰教育制度改革的第一项内容，就是清除"冷战"时期外语教育中遇到的障碍。现在，波兰的外语教育政策与欧盟的外语教育政策基本保持一致，波兰支持并严格执行欧盟的"语言多元化"政策。欧洲议会于1983年、1984年和1988年分别通过了三个教育专项决议，倡导欧盟各国积极开展外语教学和培训工作。其中，最重要的举措就是：积极建设高校外语教学体系，向全体欧盟公民开展多语言[②]文化教育和培训。1999年，波兰签署了《博洛尼亚宣言》，加入欧盟高等教育一体化进程。目前，波兰高校建立了学士、硕士、博士三级教育模式，落实"欧洲学分互认体系"(ECTS)，实施"证书教育"制度。欧盟国家的"证书教育"课程采用欧盟通用的语言授课，授课语言以英语为主。

---

① 这里所说的"社会转型"是指波兰1989年的社会改革。波兰完全放弃了原有的计划经济体制，通过实施一系列新的法律和政策，加快经济私有化进程。
② 从目前情况来看，主要以欧盟各国的语言为主。

自1990年以来，波兰的外语教育取得了一定的成效，集中表现是：掌握外语的人数、语种数量以及学习者的外语水平都有显著提高。根据波兰新闻网站ONET Wiadomości[①] 2015年公布的调查数据显示：波兰掌握外语的人数占总人口的56%，其中有38%的波兰人掌握了一门外语，15%的波兰人掌握了两门外语，3%的波兰人掌握了3—4门外语。由于历史原因以及加入欧盟等因素，波兰人掌握的外语语种也发生了变化，排名前6位的语种依次是：英语、俄语、德语、法语、意大利语和西班牙语。

（一）波兰基础教育阶段的外语教育

波兰基础教育阶段外语教育的主要任务是培养学生外语语言能力。波兰的《基础教育阶段外语课程标准》明确规定，外语是基础教育阶段的核心课程，小学阶段开设一门外语必修课程，初中阶段和高中阶段各开设两门外语必修课程，高中阶段还要增设一门外语选修课程。

2016年9月30日，波兰教育信息网站（SIO）[②]公布的2016—2017学年波兰基础教育阶段（包括全日制和非全日制教育）外语教育数据显示，与前几年相比，这一学年至少学习两门外语的学生人数有所增加，尤其是在小学和初中阶段，上升趋势更加明显。

---

① ONET Wiadomości 是波兰最有影响力的新闻网站之一。
② SIO，即 System Informacji Oświatowej，是波兰教育官方电子数据库系统。该系统定期公布基础教育阶段有关学校、教师和学生的信息。

其中，波兰基础教育阶段的外语课程开设情况及学生人数统计结果如表3.1所示。

表3.1 波兰基础教育阶段外语课程的学生人数（2016—2017学年）

排序	课程名称	课程性质	人数	课程名称	课程性质	人数
1	英语	必修课	5 152 206人	英语	选修课	591 807人
2	德语	必修课	160 6264人	德语	选修课	288 975人
3	俄语	必修课	18 128人	俄语	选修课	46 617人
4	西班牙语	必修课	11 429人	法语	选修课	23 015人
5	法语	必修课	99 644人	西班牙语	选修课	22 279人
6	拉丁语	必修课	22 659人	意大利语	选修课	6576人
7	其他语言*	必修课	9729人	其他语言*	选修课	6573人
8	意大利语	必修课	8961人	拉丁语	选修课	3295人

（*"其他语言"是指除英语、德语、俄语、西班牙语、法语、拉丁语、意大利语之外的欧盟各国官方语言，以及汉语、日语、韩语等具有世界影响力的语言。）

根据表3.1可知，汉语在波兰学习者心目中的地位较低，其影响力比较小。

2017年9月，波兰开始实施基础教育改革。然而，外语教育改革的力度并不大。改革的计划要在2022年之前完成。第一阶段，进行中小学学制改革；第二阶段，进行中小学课程改革。改革后，小学的学制为8年，从7年级开始开设第二门外语选修课。高中和职业技术教育学制为4—5年。在这一阶段，学校继续增设一门外语选修课。

波兰现行的《基础教育阶段外语课程标准》实施后，教育主管部门出台了相应的外语等级考试章程，以便对应不同级别的外语课程。教育主管部门设置了相应级别的考试，同时给通过考试的学生颁发相应级别的合格证书。基础教育各阶段的学生语言水平要求如表3.2所示。

表3.2 基础教育阶段学生语言水平等级要求[①]

基础教育阶段	考试	级别
小学	统一组织的初级外语水平测试	A1，A1$^+$
初中	学校组织的考试	A2
	学校组织的考试	A2$^+$
高中	高考	B1
	高考	B2
	高考（第二母语水平）	C1

在初中外语等级考试中，及格为A2，优秀为A2$^+$。高中阶段，外语不安排专门的等级考试，而把高考外语与外语等级考试合并，及格为B1，优秀为B2，最高等级为C1，所有外语等级考试都执行"欧洲共同语言参考标准"（The Common European Framework of Reference for Languages，简称CEFR）。[②]

[①] 相关信息参考波兰教育部官网：https://en.men.gov.pl，访问日期：2020年11月10日。
[②] CEFR是一种在欧洲及其他国家用于描述外语学习者进步程度的标准体系。现在，欧盟20多个成员中，已经将此标准广泛应用到语言讲座、授课计划、教育课程、测评考试、资格获取中。CEFR从低到高分为6个等级，分别是A1、A2、B1、B2、C1和C2。

波兰基础教育阶段外语教育的总体发展趋势是：具有传统优势的外语保持平稳发展态势，新的外语发展势头强劲。

（二）波兰高等教育阶段的外语教育

波兰高校开展外语教育的时间比较早。1364年，波兰政府在克拉科夫建立了波兰的第一所大学——雅盖隆大学。早在1520年，该校就开设了希伯来语课程和希腊语课程。东欧剧变后，波兰高等教育阶段的外语教育发展迅速，主要原因在于：波兰"社会转型"成功，欧盟范围内的合作取得成效；教育制度改革成功，外语人才需求激增等。从波兰高等教育阶段外语教育的现状来看，波兰私立高校的外语教育规模和影响力非常有限，而公立高校的外语教育规模和影响力比较大。

1. 波兰的高等教育概况

目前，波兰的私立高校数量较多，共有297所，而公立高校的数量相对较少，共有134所。但是，波兰约有75%的大学毕业生来自公立高校。2017年，波兰全国外语水平考试（WSK）排名得分居前10位的高校见表3.3。

表3.3 波兰全国外语水平考试（WSK）排名得分居前10位的高校[①]

排名	高校名称	全国外语水平考试（WSK）得分
1	华沙大学	100
2	雅盖隆大学	99.9
3	密茨凯维奇大学	82.2
4	弗洛茨瓦夫大学	73.7
5	哥白尼大学	66.4
6	罗兹大学	61.3
7	西里西亚大学	60.4
8	格但斯克大学	57.6
9	保罗二世天主教大学	54.9
10	居里夫人大学	54.8

在私立高校中，波兰比较有名的是华沙科依敏斯基大学、社会学与人文学大学等，全部实施全英文授课。

近几年，波兰高等教育比较热门的专业有计算机、工商管理、法律、心理学等。学生更喜欢报考理工类大学，而他们最喜欢的理工类大学是华沙理工大学。

波兰高等教育的外语人才培养层次包括本科、硕士和博士。波兰高校的学制分为全日制和非全日制，其中非全日制包括业余

[①] 相关数据参考远景基金会官网：http://www.perpektywy.pl，访问日期：2020年3月10日。远景基金会于1992年成立，是波兰最具权威的教育咨询、分析和宣传机构之一。从1999年开始，该基金会定期公布波兰各级教育机构的综合实力和学科排名情况。

课程班、夜校课程班和校外课程班等形式。波兰约有60%的大学生属于全日制大学生,而私立高校中只有大约20%的学生属于全日制大学生。公立高校免收学费,按学期授课,第一学期从当年的10月到次年的1月,第二学期从次年的2月至6月。课程结束后学校安排考试,测评时间通常是在学期结束或学年结束时。许多课程设有独立的阶段性测试,测试形式主要是口试和笔试。所修课程的考试学生必须全部通过,学生通过后才能获得相应的学分。同时,学生必须获得综合实践课程的全部学分。

目前,波兰的高等教育执行的是欧洲新学制,即"3+2"或"3.5+2"的双阶段学制。也就是说,学生学习三年或三年半时间就可以获得学士学位;在此基础上,学生继续学习两年时间就可以获得硕士学位。因为学科、专业性质各不相同,所以每个专业的具体学制会有细微差别,学士学位的学制一般是3—3.5年,工程师学位的学制一般是3—4年。硕士学位或同等学位(包括文科硕士、理科硕士、工程硕士、建筑工程师硕士、医师资格、牙医资格和兽医资格等),学制一般是2—3年。波兰高等教育采用"欧洲学分互认体系"(ECTS),学士学位是180学分,硕士学位是120学分,博士学位是180学分。波兰各高校还开展了国际交换生合作项目,国际学历认证有助于学生自由转换学分。

波兰高等教育招生规模比较稳定。在2016—2017学年,波兰大学共录取新生436 316人,其中公立大学录取的新生是343 961人,私立大学录取的新生为92 355人。

2. 波兰高校外语教育的分类和专业发展情况

波兰高校的外语教育发展态势良好，语种较全，传统外语课程保持平稳发展，新兴语种发展势头强劲。除了基础教育阶段开设的外语语种，波兰高校还增加了一些新的语种，多数语种具有世界影响力或地区影响力。波兰的高等外语教育具有两大特点：一是外语学科学位教育发展迅速。2018年，波兰高校共设有96个外语专业。二是外语学科学位教育、"专业+外语"教育、公共外语教育和通识性外语教育等教育形式同步发展。

外语学科学位教育的任务主要由综合性大学的外语学院或外语系承担，所设专业或研究方向属于外国语言文学学科，主要开设外语语言文学及相关课程，目标是培养外语专业人才。

公共外语教育的目标是培养非外语专业学生的外语英语实践能力。波兰高等教育阶段的外语为必修课程，学生可以在开设的外语课程当中选择一门外语，学习时间一般为两个学期。学生按照所在高校人才培养方案获得相应的学分。

"专业+外语"教育是波兰高校外语教育新的发展模式，目标是培养"专业+外语"人才，也就是那种既精通专业又精通外语的复合型人才。由于波兰推行的是"语言多元化"政策，波兰高校开设的外语课程主要使用欧盟的通用语言。2012年，波兰高校共有119个二级学科，其中50%以上的专业开设了外语课程。[①]

通识性外语教育的目标是普及外语知识，培养外语通识型人

[①] 相关信息参考波兰科学和教育部网站：www.nauka.ogv.pl，访问日期：2019年1月10日。

才。波兰高校开设了各种外语培训课程，学生依照高校人才培养方案获得相应的学分。

波兰高校外语学科学位教育是高等教育阶段外语教育的主力。波兰科学和教育部网站公布的"2016—2017年高考招生数据"表明，2016—2017年，北欧和远东语言文学是波兰学生的重要关注点，这是近几年波兰高校外语教育发展的缩影。英语、德语和法语等大语种教育保持了传统优势，以汉语、韩语和挪威语等为代表的非通用语种也逐渐成为热门语言，受到越来越多的波兰学生的欢迎。2017年，依照录取人数和报考人数比例，波兰高考招生比例在1∶4以上的语言类专业排名如表3.4所示。

表3.4 波兰高考招生比例在1∶4以上的语言类专业排名（2017年）

在语言文学专业中的排名	专业名称	录取人数与报考人数之比	录取人数与报考人数在所有专业录取人数中的排名
1	瑞典语言文学	1∶11.6	4
2	远东语言文学	1∶7.2	24
3	斯堪的纳维亚语言文学	1∶5.3	39
4	东方语言文学	1∶5.3	40
5	挪威语言文学	1∶4.8	52
6	韩国语言文学	1∶4.7	54
7	芬兰—乌戈尔语言文学	1∶4.5	58
8	中国语言文学	1∶4.4	71

值得注意的是，远东语言文学通常包括中国语言文学和韩国语言文学两个专业方向。而东方语言文学专业，除了包括中国语言文学，还有阿拉伯语言文学、印度语言文学、伊朗学、日本学、土耳其语言文学等。有些高校单独设置了韩国语言文学和中国语言文学专业，没有将其列入东方语言文学或远东语言文学当中。

第二节
波兰高等教育阶段的汉语教育

波兰高校的汉语教育开展较早。早在1925年，波兰高校就开设了汉语课程。到2013年，波兰共有12所大学开设了汉语及其相关专业。[①] 到2018年，开设汉语相关专业的高校数量已超过20所。目前，波兰高等教育阶段主要开展了两种类型的汉语教育：一是通识性汉语教育，二是汉语专业学科学位教育。其中，通识性汉语教育是波兰高等教育阶段普遍存在的汉语教育形式，而公共汉语和"专业+汉语"教育形式还处于起步阶段。

通识性汉语教育的教学任务主要由波兰各孔子学院或孔子课堂来完成。波兰第一家孔子学院——雅盖隆大学孔子学院于2006年建立。目前，波兰共有5所孔子学院和2个孔子课堂。它们依托波兰高等教育机构办学，同时举办各种活动，推广中国文化，其学员

[①] 谭致君：《波兰汉语教学情况调查报告——以卢布林为例》，广东外语外贸大学硕士论文，2013年。

来自社会各个阶层，主要是学生、商人和翻译人员。波兰一些高校也开设了汉语选修课程，也会定期或不定期举办各种中国文化推广活动。在一些中国文化推广活动中，组织者会教授一些简单的汉语知识。此外，一些私立外语培训学校也开设了汉语课程。

波兰汉语学科学位教育的发展规模不大。根据波兰本科教育网（https://www.studialicencjackie.info）和远景基金会官网（https://www.perpektywy.pl）的数据，目前波兰有20多所高校招收了汉语专业本科学生。其中，有10所高校设置了汉语专业，有10多所高校设置了汉语相关专业。设置汉语专业本科的高校有：华沙大学、雅盖隆大学、格但斯克大学、保罗二世天主教大学、密茨凯维奇大学、弗罗茨瓦夫大学、波兹南赛穆埃尔·博古米·林德外语学院、沃沃明国际区域合作大学、维斯杜拉金融与商业学院、波兹南外语学院等。其中，华沙大学和波兹南外语学院等高校设置的是非全日制汉语专业。设置汉语相关专业本科的学校有：卡托维兹西里西亚大学、哥白尼大学、格但斯克大学、SWPS人文与社会科学大学、比得哥什圣卡基米日大学、格但斯克高等银行学校、罗兹大学、琴斯托霍瓦市杨·德乌果施人文自然科学大学、热舒夫信息技术与管理大学等。

这两个官网还公布了4所培养汉语及其相关专业硕士的高校：克拉科夫雅盖隆大学、保罗二世天主教大学、密茨凯维奇大学和卡托维兹西里西亚大学。

波兰高校汉语及其相关专业专门培养学生的汉语语言能力，使其具备从事与汉语有关的语言服务、文化交流和商贸工作的能力。另外，有些汉语及其相关专业也培养"汉语+专业"的复合型人才。这方面的人才不仅需要具备汉语能力和第二外语能力，而且需要一定的学科专业知识。需要指出的是，所有汉语及其相关专业的学生必须具备经济管理、市场营销等相关知识及其相关实践技能。

开设了汉语课程的高校还有华沙理工大学、华沙经济学院、华沙商学院、华沙社会心理学院、克拉科夫私立大学、居里夫人大学等。[①]

（一）波兰高等教育阶段的通识性汉语教育

截至2019年10月30日，波兰一共建立了6所孔子学院，分别是雅盖隆大学孔子学院、密茨凯维奇大学孔子学院、奥波莱工业大学孔子学院、弗罗茨瓦夫大学孔子学院、格但斯克大学孔子学院和华沙理工大学孔子学院。此外，波兰还有两所孔子课堂，分别是维斯瓦大学孔子课堂和雅盖隆学院孔子课堂。

在各孔子学院的人员结构中，设置的人员主要有：中方院长和外方院长各1人，中方公派教师2—3人，中方志愿者4—6人，秘书1—4人。其中，中方院长、中方公派教师和志愿者需要通过语合中心安排的选拔性考试并经过培训后才能派出，有的孔子学院也会聘请本土汉语教师授课。

---

① 谭致君：《波兰汉语教学情况调查报告——以卢布林为例》，广东外语外贸大学硕士论文，2013年。

按照学习者的具体情况和语言水平，孔子学院和孔子课堂会开设不同类型的汉语课程班，如零基础班、初级班、中高级班、辅导班、商务汉语班等。孔子学院和孔子课堂每年都会定期或不定期举行各种中国文化体验活动，如"欢乐春节波兰行""孔子学院日""中国茶文化交流会"等。此外，孔子学院开设的"中华才艺班"也深受波兰人的喜爱。

波兰的汉语学习者主要来自与孔子学院和孔子课堂签订了合作协议的大学、中学和小学等教育机构。孔子学院和孔子课堂会选派汉语教师或志愿者到各个教学点完成教学任务。近年来，随着中国经济的快速发展和国际地位的日益提高，孔子学院和孔子课堂在波兰的知名度也得到显著提高，越来越多的教育机构选择与它们合作。

1. 雅盖隆大学孔子学院[①]

雅盖隆大学孔子学院位于波兰的克拉科夫市，是由雅盖隆大学承办、北京外国语大学协办的波兰首家孔子学院。该孔子学院于2006年12月1日正式建立。经过十多年的学科建设，雅盖隆大学孔子学院有了很大的发展。该孔子学院下设雅盖隆中国语言文化中心，主要任务就是加深波兰学生对中国语言和文化的认识。2016年，雅盖隆大学孔子学院荣获"孔子学院荣誉奖"。之前，该孔子学院还获得过"模范孔子学院"的称号。

---

① 本章节部分信息参考雅盖隆大学孔子学院官方网站：http://www.instytutkonfucjusza.uj.edu.pl，访问日期：2019年12月2日。

雅盖隆大学孔子学院在当地从事中国文化传播和汉语教学工作。自2007年以来，该院不仅为雅盖隆大学和其他大学的学生开设了汉语课程，而且对汉语或中国文化感兴趣的人员进行了语言培训。雅盖隆大学孔子学院还与当地十几所中小学校合作，开设了汉语课程。

雅盖隆大学孔子学院除了在大学和中小学校开设汉语课程，还专门开设了汉语教师培训课程和商务汉语课程，其目的在于培养波兰本土汉语教师和商贸领域的翻译人才。值得注意的是，这种培训课程对招生人数没有过多要求，几人报名就可开班。例如，2018年2月26日开办的2017—2018学年第二学期培训班，报名人数达到8人就开班了。学员学习的课程量也不大，培训班每周两次课（星期一和星期三），每次课有1.5小时。

雅盖隆大学孔子学院还面向社会招生，开设了一些中国语言文化课程，如语言文化实践课程、文化讲座课程、国际文化课程等，学员可根据自己的兴趣来选择。一般情况下，一个班不会超过20人。其中，语言文化实践课程主要培养学员对汉语和中国文化的兴趣，如中国书法课、国画课、太极表演课等。以中国书法为例，从2015年10月9日起，雅盖隆大学孔子学院每周都会开办中国书法课程。雅盖隆大学孔子学院还经常举办一些与中国文化有关的知识讲座，如"中国印象""中国旅行""中国烹饪"等。在课间休息时，学员还会收到用中国汉字书写的名言警句。

国际文化课程由雅盖隆大学孔子学院和雅盖隆大学远东研究所共同组织有经验的教师团队授课，主要面向企业家、政府职员和在中国设有办事处的公司职员,主要课程有:汉语基础,中国经济改革,中国人的处世观,中国商务文化和谈判等。

除了开设以上课程,雅盖隆大学孔子学院还为需要汉语翻译的个人或单位提供汉语翻译服务。

从2010年开始,雅盖隆大学孔子学院承办了汉语水平考试(HSK)。由于申请参加考试的人员逐年增加,自2012年起,雅盖隆大学孔子学院规定,一年举行两次汉语水平考试。另外,雅盖隆大学孔子学院还承办了中小学生汉语考试(YCT)。

雅盖隆大学孔子学院成为波兰南部地区乃至全国最重要的汉语教学和培训中心。2016年,雅盖隆大学孔子学院有院长2人,中国公派汉语教师3人,中国志愿者4人。中国公派汉语教师主要由北京外国语大学选派,本土汉语教师和秘书共有16人。2017年,学院共开设了17个汉语学习班,招收学生达到280人。

2. 奥波莱工业大学孔子学院[①]

奥波莱工业大学孔子学院位于波兰奥波莱省首府奥波莱市,于2008年10月8日正式建立,由奥波莱工业大学承办、北京工业大学协办。该学院开设了汉语课程,培训汉语教师,编写汉语教材,组织汉语水平考试,举办中国文化讲座及研讨会,与科研单位和企业建立合作关系,提供有关教学、文化和商务等方面的咨询服务。同时,该孔子学院还实施了"中欧跨文化管理硕士学历

[①] 本章节的部分信息参考奥波莱工业大学孔子学院官方网站:https://ik.po.opole.pl,访问日期:2020年12月2日。

教育"项目，取得了良好的办学效果。

奥波莱工业大学孔子学院主要针对本校学生开设汉语课程，也面向社会开设汉语培训课程。从2017年开始，该孔子学院开设了商务班和儿童班。商务班的开班人数在6—15人之间；儿童班的开班人数不低于15人。这两个班主要使用的是自编教材《波兰人学汉语初级教程》《波中文化趣事》等。

此外，该孔子学院还为本校师生提供了一些免费的汉语课程，学习者修完规定的汉语课程且考试通过，就可以获得"欧洲学分互认体系"（ECTS）的两个学分。汉语课程表如表3.5所示。

表3.5 汉语课程表

授课时间	星期一	星期二	星期三	星期四	星期五
17:00—18:30		基础课程		基础课程	
		汉语水平考试1（提高班）	汉语水平考试2（备考班）	汉语水平考试1（提高班）	汉语水平考试2（提高班）
	汉语水平考试1（提高班）	汉语水平考试2课程	汉语水平考试3课程	汉语水平考试3课程	汉语水平考试2（备考班）
17:30—19:00	高级班课程		汉语水平考试1（提高班）		

目前，奥波莱工业大学孔子学院有院长2人，国际事务合作人员3人（中方1人，波方2人），汉语教师5人（其中，中方公派汉语教师3人，本土汉语教师2人），汉语志愿者8—12人。

2017年，奥波莱工业大学孔子学院在奥波莱市和肯杰任一科兹莱市开设了14个汉语教学点，共招收学生394人。汉语课程是奥波莱工业大学最热门的课程之一，报名人数与开班人数之间的比例一般都达到了4∶1。目前，该孔子学院每年培养学生超过600人。此外，该孔子学院还开设了商务班和儿童班，每年培养学生人数超过100人。

3. 密茨凯维奇大学孔子学院[①]

密茨凯维奇大学孔子学院位于波兰波兹南市，由密茨凯维奇大学承办、天津理工大学协办，于2008年6月14日正式建立。

密茨凯维奇大学孔子学院除了为本校学生开设汉语课程，还积极开展中、波两国文化交流活动，定期或不定期举办各种夏令营活动。例如，为期两周的"2018夏令营"在天津理工大学举行，参加者的年龄在15—30岁之间。活动的目的在于，让波兰年轻人了解中国，接触中国语言与文化。夏令营课程包括汉语文学讲座、语言实践课程以及各种类型的文化讲习班。

密茨凯维奇大学孔子学院开办了各种汉语培训班，其中包括汉语教师培训班。例如，2017年，该孔子学院开办了波兰汉语教师培训班，有50多名波兰本土汉语教师参加了此次培训。该孔子学院还定期开设暑期汉语课程，暑期课程班一般包括基础班、中级班、中国旅游课和儿童班。例如，2014年7月14日至25日，该

[①] 本章节的部分信息参考密茨凯维奇大学孔子学院官方网站：http://konfucjusz.amu.edu.pl，访问日期：2019年2月5日。

孔子学院开设了暑期基础班和儿童班；2015年7月6日至17日，学院开设了暑期儿童班、成人班和书法班；2016年7月4日至15日，学院开设了暑期基础班；2017年开设的儿童班从6月26日开始，到7月7日结束；其他班从2017年7月10日开始，到7月21日结束。2017年各班的具体开课情况如表3.6所示。

表3.6　2017年密茨凯维奇大学孔子学院开办的培训班课程表（暑期班）

序号	日期	课程种类	教师	时间	教室
1	6月26—7月7日	儿童班	Jagoda Szulak Klaudyna Bronowska	周一到周五 10:00-13:00	418
2	7月10—7月21日	基础班	Aleksandra Olejnik	周一到周五 10:30-12:00	416
3	7月10—7月21日	基础班	Zuzanna Pukacka	周一到周五 18:15-19:45	418
4	7月10—7月21日	中级班	Aleksandra Olejnik	周一到周五 9:00-10:30	416
5	7月10—7月21日	中级班	Zuzanna Pukacka	周一到周五 16:30-18:00	416
6	7月10—7月21日	中国旅游课	Jagoda Szulak	周一到周五 18:00-19:30	121

2018年，该孔子学院还开设了春季班，具体开课情况如表3.7所示。

表3.7　2018年密茨凯维奇大学孔子学院开办的培训班课程表（春季班）

序号	课程性质	时间	总学时	教师	教室
1	A1 汉语启蒙班	周一、周三 10:00—11:30	60	Aleksandra Olejnik Deng Yan	410
		周一 19:15—20:45	60	Hanna Kupś	429
		周四 18:45—20:15	60	Deng Yan	
2	A2 汉语基础提高班	周二、周四 10:00—11:30	60	Jagoda Szulak	410
		周一、周三 17:00—18:30	60	Maciej Sitarek	400
		周二、周三 18:45—20:15	60	Zuzanna Wnuk	400
3	A3 汉语基础高级班	周二、周四 18:45—20:15	120 （2个学期）	Aleksandra Olejnik Ke Yuhan	401
		周四 11:30—13:00 周五 10:00—11:30		Ke Yuhan Alersandra Staruch	
4	A4 汉语基础高级提高班	周一 17:30—19:00 周四 17:00—18:30	180 （3个学期）	Hanna Hupś Deng Yan	429
5	A5 汉语中级提高班		240 （4个学期）		
6	A9 汉语中级提高班	周二 17:00—18:30	480 （4个学期）	Piotr Urbanowicz	410

(续表)

序号	课程性质	时间	总学时	教师	教室
7	A10 汉语高级提高班	周二、周三 18:45—20:15	540 （10个学期）	Li Shangran Aleksandra Staruch	429
8	A14 汉语高级提高班	周二、周四 18:45—20:15	780 （10个学期）	Piotr Urbanowicz Li Shangran	410
9	C1 汉语启蒙班	周三 17:00—18:30		Zuzanna Wnuk	429
10	C2 汉语提高班	周一 18:45—20:15	30	Maciej Sitarek	400
11	C4 汉语提高班	周一 17:00—18:30	90 （3个学期）	Aleksandra Olejnik	401
12	C5 汉语提高班	周一 16:00—17:30	90 （3个学期）	Deng Yan	429
13	D1 汉语儿童基础班 （6—13岁）		30		
14	D2 汉语儿童基础提高班	周六 9:45—11:15		Aleksandra Staruch	400
15	D3 汉语儿童基础提高班（周末班）		30		
16	D4	周六 11:30—13:00		Aleksandra Staruch	400
17	D10	周一 16:00—17:30		Jagoda Szulak	410
18	一对一教学		20		

密茨凯维奇大学孔子学院还会定期或不定期举办各种汉语讲座和研讨会。例如，在2011年，该孔子学院举办了"中国面孔"研讨会、"欧洲文化与艺术中的中国元素"研讨会、"21世纪初的中国"研讨会和"东西方传教士：利玛窦逝世400年之际"研讨会等；2012年，该孔子学院举办了由中国传统戏剧学院奖学金获得者华沙大学汉学家玛乌勒采·格瓦尔斯基（Maurycy Gawarski）参与的京剧系列讲座，还举办了"中国古代音乐"和"痛苦之美：中国裹足陋习"等讲座；2017年，该孔子学院举办了波兰汉语学生论坛，100多名师生参加了此次活动。

此外，密茨凯维奇大学孔子学院每年还会举办汉语水平考试（HSK），每年报名参加考试的人数呈增长趋势。值得一提的是，2012年5月15日，密茨凯维奇大学孔子学院下设的具有武术特色的汉语课程正式开课。

近些年，密茨凯维奇大学孔子学院的招生人数稳定增长，使用的教材主要有《汉语乐园》《快乐汉语》《跟我学汉语》《现代汉语》《汉语图解词典》和《汉语图解小词典》等。

4. 弗罗茨瓦夫大学孔子学院[①]

弗罗茨瓦夫大学孔子学院由弗罗茨瓦夫大学承办、福建厦门大学协办，于2008年9月1日正式建立。该孔子学院提供了为期三年的中国语言文化课程，招收对象为弗罗茨瓦夫大学的学生。在校大学

[①] 本章节的部分信息参考弗罗茨瓦夫大学孔子学院官方网站：https://ik.uni.wroc.pl/zh，访问日期：2020年1月10日。

生可以选择为期三年的汉语选修课程，修完后即可获得相应的学分。该孔子学院2017—2018学年的汉语课程设置情况如表3.8所示。

表3.8 弗罗茨瓦夫大学孔子学院汉语课程设置情况
（2017—2018学年）

序号	课程名称	学时						授课方式	考核方式	ECTS学分
		第1学期	第2学期	第3学期	第4学期	第5学期	第6学期			
1	汉语	90	90	90	90	90	90	讲授	第2、4、6学期考试	39
2	中国艺术	30						讨论	教师考核	2
3	中国地理	30						讨论	教师考核	2
4	现代中国的流行艺术		30					讨论	教师考核	2
5	中国社会			30	30			讨论	教师考核	4
6	中国习俗		30					讨论		2
7	中国文化史	30	30	30	30			讨论	第4学期考试	8+1
8	中国宗教哲学			30	30			讨论	第4学期考试	4+1
9	中国文学					30	30	讨论	教师考核	4
10	原著选读					30	30	讨论	教师考核	4
	总学时	180	180	180	180	150	150			
	ECTS学分	12	12	12	12	10	10			73

该孔子学院还招收了一些对中国语言和文化感兴趣的高中毕业生。每期开班人数不低于13人，授课语言为波兰语、英语或汉语。开学时间从每年的10月份开始，到第二年6月份结束。

此外，该孔子学院还开设了汉语培训班，主要包括三种类型：汉语基础班、汉语提高班和儿童基础班。汉语基础班又分成基础、中级和高级三个阶段，每周开课2次，用英语和汉语授课，每学期60学时，7人以上即可开班；汉语提高班也分成基础、中级和高级三个阶段，每周开课2次，用英语和汉语授课，每学期90学时，5人以上即可开班；儿童基础班学员由一名家长陪同上课，7名以上儿童报名即可开班。另外，该孔子学院还有为期两周的暑期高级研修班，用英语和汉语授课，每周一至周五授课，10人以上即可开班。

除了承办汉语水平考试（HSK）和中小学生汉语考试（YCT），弗罗茨瓦夫大学孔子学院还承办了国际商务汉语考试（BCT），分成A、B两级，为波兰培养商务汉语人才。

此外，弗罗茨瓦夫大学孔子学院还会不定期举办各种中国文化活动。例如，从2013年开始，该孔子学院每年都会举办"下西里西亚省学习节"，活动期间会开办各种中国文化讲座和艺术活动。该孔子学院还会举办各种学术会议和专题培训会议。比如，在2014年6月11—13日，该孔子学院举办了主题为"古代的家庭与家庭关系"的第二届东方语言文化国际会议；在2012年11月16—18日，该孔子学院举办了第二期波中语言教学技能培训班，参加培训的汉语教师和校长分别来自波兰各地的16个大学、中学、小学以及幼儿园，总人数超过80人。

目前，弗罗茨瓦夫大学孔子学院有院长2名，波方工作人员4名，中方教师公派和志愿者12名。该孔子学院成为波兰重要的汉语人才培养基地，每年参加汉语学习的学生人数超过100人。目前，该孔子学院培训的学生总人数超过1000人。

弗罗茨瓦夫大学孔子学院使用汉、波双语教材，主要包括：《汉语乐园》《跟我学汉语》《现代汉语》《汉语图解词典》《汉字800个》和《汉语图解小词典》等。

5. 格但斯克大学孔子学院[①]

格但斯克大学孔子学院位于波兰滨海省格但斯克市，由格但斯克大学承办、中国科学院大学协办，于2015年9月21日正式建立。

该孔子学院目前有院长3名，中国公派汉语教师4人，志愿者3人，本土汉语教师1人，秘书1人，共计12名工作人员。该孔子学院每学期的招生人数和开班数量都不一样。2018年，该孔子学院开设了5个中文班、2个少儿班、2个零基础班、1个HSK辅导班和1个老年学习班。

该孔子学院与格但斯克市8所中小学校长期合作，2018年的开班情况统计如下：

第十八中和第八十五小学，开设6个班，50人；

---

① 本章节的部分信息参考格但斯克大学孔子学院官方网站：https://instytutkonfucjusza.ug.edu.pl，访问日期：2019年12月10日。

第十五小学，开设3个班，25人；

第十七小学，开设2个班，16人；

第七十小学，开设2个班，15人；

第九学校，开设2个班，20人；

第八十小学，开设6个班，50人；

鲁米亚小学，开设6个班，80人。

格但斯克大学孔子学院每周还会定期开设中国文化体验课，开展折纸、剪纸、书法等活动。

6. 华沙理工大学孔子学院[①]

华沙理工大学孔子学院于2019年9月23日正式建立，由华沙理工大学承办、北京交通大学协办，建院的目的是开展汉语教学，推广中国文化。

该孔子学院除了开设汉语教学课程、艺术坊和商务培训课程外，还会举办各种暑期班、学术会议、研讨班和专题讲座，其中专题讲座包括中国文化、风土旅游、中国美食、中医等。同时，该孔子学院还在华沙理工大学普沃茨克学院开设了汉语课程，任课教师由中国选派。此外，该孔子学院还承办了不同级别的汉语水平考试。华沙理工大学学生以及校外对汉语和中国文化感兴趣的社会人士，都可以报名参加。

华沙理工学院孔子学院还在在华沙地区和普沃茨克地区举

---

① 本章节的部分信息参考华沙理工大学孔子学院官方网站：https://www.confucius.pw.edu.pl，访问日期：2019年12月20日。

办了各种中国文化活动,包括中国古典音乐会、艺术展、竞赛及讲习班,其中讲习班涉及书法、烹饪、太极拳和工艺品制作等内容。此外,华沙理工大学孔子学院还提供了开放的门户网站,对中国文化感兴趣的人可以在网站上下载相关资料,观看相关影视作品。

华沙理工学院孔子学院还会提供经济和法律方面的汉语咨询,希望能够更好地帮助到想与中国企业合作,或想从事相关商务培训的组织或个人。

7. 维斯瓦大学孔子课堂[①]

维斯瓦大学位于波兰首都华沙市,该校的孔子课堂由维斯瓦大学承办、天津理工大学协办,于2011年6月26日正式启动。这所孔子课堂有1名中方主任,1名波方负责人以及8位中方教学人员。

维斯瓦大学孔子课堂开设了中文系的汉语必修课以及其他院系的汉语选修课,还面向社会开办了汉语培训班。这所孔子课堂一般实行小班授课,学员人数在4—10人之间。其中,成人班4—5人,儿童班6—10人。

维斯瓦大学孔子课堂针对成人、青少年和儿童的不同需求,会量身定制汉语学习计划,每周都会安排学习课程。学习课程是根据《汉语水平考试指南》和《对外汉语课程教学大纲》制定的,也符合

---

① 本章节的部分信息参考维斯瓦大学官方网站:https://www.swps.pl/szkola-jezykowa,访问日期:2019年12月22日。

欧洲委员会批准的"欧洲语言教学与测试标准"（CEF）。修满75%的课程并通过考试的学生，可获得维斯瓦大学颁发的语言等级证书。考试包括笔试和口试，实行百分制，没有通过汉语等级考试的学生可以继续免费学习汉语课程。

维斯瓦大学孔子课堂常年开设成人培训班和青少年培训班。成人班学员年龄在18岁以上，青少年班学员年龄在14—17岁之间。培训班分冬季班（1—4月）、春季班（4—6月）、暑期班（7—9月）和秋季班（9月—12月），每种班又细分为基础班、中级班和高级班，每个级别课程班的学员一般要学习10—14本教材的内容。

基础班和中级班都属于普通班，普通班上课时间分成三种：每周1次，每次3个学时（共135分钟）；每周2次，每次2个学时（共90分钟）；每周2次，每次120分钟。高级班属于提高班，上课时间分成两种：每周4次，每次2个学时（共90分钟）；每周5次，每次2学时（共90分钟）。

儿童班分别招收5—8岁和9—13岁年龄段的儿童。每周授课1次，每次2课时（共90分钟）。其中，5—8岁年龄段的学生课程分成5个级别；9—13岁年龄段的学生课程分成10个级别。

维斯瓦大学孔子课堂除了开设以上课程，还有各种各样的特色课程。例如，孔子课堂有为企业管理专业的学生和商务汉语专业的学生开设了金融汉语、外贸汉语、市场营销汉语、人力资源管理汉语、法律汉语、医学汉语和商务谈判汉语等专题课程，目的是培养他们在商务活动方面的语言组织能力。专题课程每学期

60学时。

该孔子课堂还会给有一定汉语基础的学员专门设计汉语会话课程，目的在于提高他们的语言表达能力和汉语思维能力。汉语会话课程每学期50学时。

维斯瓦大学孔子课堂还为要去中国旅游的波兰人和旅游公司职员提供旅游类汉语课程。这类课程实用性强，每学期30学时，费用也不高。

维斯瓦大学孔子课堂还开设了企业员工班，包括基础班和提高班。基础班每周的学时安排分三种情况：每周1次，每次3个课时（共135分钟）；每周2次，每次2学时（共90分钟）；每周2次，每次120分钟。提高班每周的学时安排分两种情况：每周4次，每次2学时（共90分钟）；每周5次，每次2学时（共90分钟）。在分班方面，设有3—6人班、7—14人班和"一对一"课程班。除了以上介绍的汉语培训课程，维斯瓦大学孔子课堂还开设了汉语水平考试（HSK）辅导班。

维斯瓦大学孔子课堂还会经常举办各种汉语讲座和中国文化推广活动，以便提高学生的汉语语言水平，激发他们的学习兴趣。孔子课堂鼓励学生积极参加各种中国文化推广活动和相关的学术会议，还经常组织教师和学生参加中国驻华沙大使馆文化处、波兰各孔子学院和华人华侨社团等机构举办的各类文化活动。

维斯瓦大学孔子课堂还开设了一些免费服务项目，比如：学校提供免费咨询服务，学生可以随时向老师提问；学生可以申请免费的课外辅导；学生可以通过学院的网站下载课程材料，浏览新闻，观看电影，了解课程进度和内容，提交作业等；老师会提供自己的电子邮件或电话，与学生保持联系；学校会为学生提供免费的语言水平测试服务，为学生选择符合自身的课程提供指导。

目前，与维斯瓦大学孔子课堂合作的中小学校共有6所，其中有5所小学和1所初中。孔子课堂使用的主要教材有《新实用汉语读本》[①]、《快乐汉语》和《汉语乐园》等。孔子课堂为相关课程研发了辅助学习材料，并且所有的材料都是免费的。另外，孔子课堂还设有电影库、音乐数据库和图书馆。其中，图书馆提供各类中文书籍以及关于中国文化的波兰文版和英文版书籍。

8. 雅盖隆学院孔子课堂[②]

雅盖隆学院孔子课堂位于波兰库亚维—波美拉尼亚省的托伦市，于2016年5月24日正式建立，由雅盖隆学院承办、湖北大学协办。该孔子课堂的主要人员包括：1名中方负责人，1名中方公派汉语教师，2名志愿者，2名波方秘书。孔子课堂根据学习者的身份开设了学生班和职工班，使用英语和汉语授课。学生班招收大学、中学和小学的学生，职工班主要招收公务员、旅游公司职

[①] 该系列教材由刘珣主编，并由北京语言大学出版社出版，属于语合中心规划的教材。该系列教材为英文版，是专门为外国人学习汉语而专门设计的系列教材。整套教材包括70节课，包括初级和高级两个阶段的课程。该系列教材符合语合中心制定的汉语教学大纲，与汉语水平考试保持一致。该系列教材编写的目的在于：通过学习汉语语言结构、语言功能以及适当的文化体验来培养学习者用汉语进行交流沟通的能力。该系列教材配有教师手册、综合练习册、录音文件和教学光盘等。

[②] 本章节的部分信息参考雅盖隆学院官方网站：https://kj.edu.pl/instytut-konfucjusza，访问日期：2020年2月10日。

员以及与中国有贸易往来的相关工作人员。目前，该孔子课堂主要开设了以下教学班：2个幼儿班，3个初中班，4个高中班，6个成人班。与雅盖隆学院孔子课堂合作的中小学校有2所：托伦市的Betterfly School开设了小学初级班和中级班课程，托伦市的第十中学开设了1个汉语课程班。由于该孔子课堂开设汉语课程的时间较短，所以学生人数相对较少。

雅盖隆学院孔子课堂举办了各种培训班。例如，在2018年2月至4月，该孔子课堂举办了汉语水平考试（HSK）培训班，每周1次课，每次3个学时。同时，该孔子课堂还开设了汉语基础班，学习时间是在每周六的上午。

雅盖隆学院孔子课堂还举办了各种比赛和文化活动。例如，在2017年5月，该孔子课堂举办了"定位中国"（Azymunt na Chiny）的活动。该活动分为两个阶段：第一阶段是为了展现各种见闻，呈现形式包括动画、录像和海报；第二阶段是关于中国文化的知识竞赛。再如，在2018年2月4日，该孔子课堂举办了"中国年"活动，内容包括：贴对联，包饺子，舞龙表演，中国茶文化讲座等。参加活动的人员还观看了茶艺表演，品尝了中国菜肴，参与了书法、剪纸等活动。

雅盖隆学院孔子课堂还组织了各种汉语夏令营活动。例如，在2018年，该孔子课堂举办了汉语夏令营活动，为期两周时间。活动要求参与者在15岁以上，参加过不少于40学时的汉语课程学习。

雅盖隆学院孔子课堂还积极组织教师和学生参加各种教学、科研和文化交流活动。例如，在2018年4月16日，该孔子课堂组织学生参加了克拉科夫举办的"汉语桥"比赛,密寇瓦伊·扎翁斯基(Mikoaj Zaski)和娜塔莉亚·密莱维奇(Natalia Milewicz)分别获得第一名和第二名的好成绩,两人还代表波兰参加了在中国举办的"汉语桥"世界大赛总决赛。

9. 其他汉语教学课程

除了孔子学院和孔子课堂开设的汉语课程,波兰境内还有一些大型的外语培训学校也开设了汉语课程。据2013年的统计数据显示,至少有10所外语培训学校开设了汉语课程。[①]截至2018年12月30日,波兰境内开设汉语课程的大型外语培训学校的数量已超过30所。这些学校主要集中在汉语教学需求较大的城市,培训规模较小,而且课程设置的随意性较大,课程往往因学员报名人数少而被取消。

此外,波兰还有大量私人开办的汉语辅导班,这类辅导班的汉语课程一般有两种:一种是由语言中心[②]等机构组织教师开设的汉语课程;另一种是由个人开设的汉语辅导课程。2013年,波兰境内提供汉语课程的语言中心有248家。到2018年4月底,此类语言中心增加至510家。提供汉语辅导的人员主要是中国留学生和兼职的大学教师。[③]

目前,波兰有大量的在线汉语课程,许多开设汉语课程的外

[①] 谭致君:《波兰汉语教学情况调查报告——以卢布林为例》,广东外语外贸大学硕士论文,2013年。
[②] 指小型的语言培训机构。
[③] 相关数据参考网站:http://www.e-korepetycje.net,访问日期:2019年11月25日。

语学校都有了在线汉语课程。这类课程授课方式比较灵活，课程体系比较完备，授课计划比较合理。在线汉语课程发展势头非常迅猛，为各类教育机构的汉语教学提供了有益补充。在不久的将来，在线汉语教学会发展成为波兰汉语教育的主力军。

（二）波兰的汉语学历教育[①]

波兰的汉语学历教育主要是大学里的汉语专业学位教育，这些大学主要包括华沙大学东方学院、波兹南密茨凯维奇大学东方学院、罗兹大学外国语教学中心、雅盖隆大学、格但斯克大学等。

华沙大学建于1816年，于1933年正式设立了人文学院东方研究所，随后又设立了汉语系。2005年，华沙大学成立了东方学院，汉语系归属东方学院。东方学院每年都会招收汉语专业的学生，招生人数在12人左右，人才培养包括本科、硕士、博士三个层次。2013年，东方学院拥有专职汉语教师6人，兼职汉语教师10人。东方学院开设了实用汉语、中国古代汉语、汉语阅读、中国历史、中国文学史、现当代中国文学和古代文学等课程。几十年来，华沙大学东方学院培养了许多优秀的汉语人才。

波兹南密茨凯维奇大学东方学院的前身是东方语言研究所，其汉语系于1988年成立，下设中文教研室。从2002年开始，东方

[①] 本部分内容主要参考的文献如下：赵梅艳：《波兰汉语教学现状研究》，四川师范大学硕士论文，2009年；谭致君：《波兰汉语教学情况调查报告——以卢布林为例》，广东外语外贸大学硕士论文，2013年。

学院汉语系每年都会对外招生，招生人数在24人左右。学院的人才培养包括本科、硕士、博士三个层次，汉语系采取五年制的"本硕连读制"。2010年，东方学院的汉语专业设有汉语口语、汉语阅读、汉语写作和古代汉语等课程，大学一年级至三年级的汉语专业学生每周有15学时的汉语及其相关课程，大学四年级的汉语专业学生每周有12学时的汉语及其相关课程，大学五年级的汉语专业学生每周有7.5学时的汉语及其相关课程。汉语专业学生要选修中国文化、中国历史、东方哲学、欧洲文学、欧洲艺术、语言学和逻辑学等课程，还要选修一门东方语言或欧洲语言。

截至2013年9月底，波兹南密茨凯维奇大学东方学院汉语系有本土汉语教师9人，中国汉语教师5人。其中，具有博士学位的教师有3人，拥有硕士学位的汉语教师共有6人。该系使用的教材是由北京大学出版社出版的《汉语口语速成（中级）》《高级汉语口语》和《汉语口语习惯用语》。另外，该系还有一些自编的教学辅导材料。

罗兹大学外国语教学中心从1986年开始就开设了公共汉语课程。2007年，汉语成为该中心国际关系专业学生的必修课程。该中心开设了高级汉语、中文C1级、中文C2级等课程，主要使用的教材为《汉语教程》（北京语言大学出版2009年版，作者为杨寄州）。2009年12月底，该中心的汉语学习者只有30人。到了2013年12月底，该中心的汉语学习者超过了100人。

雅盖隆大学从1992年就开始了汉语教学，最初开设的是公共汉语课程。2001年，雅盖隆大学设立了远东学院和日汉系，同时开设了汉语、中国文学、中国文化、中国历史和中国少数民族等课程。从2009年开始，该校每周给学生安排18个学时的汉语课程，学生数量超过80人。

雅盖隆大学国际关系学院下设区域研究中心，该中心开设了汉语专业课程，学生可以学习汉语、中国文化、中国历史、中国经济、中国地理、当代中国的现代化等必修课程，以及中国烹饪、中国书法等选修课程。此外，雅盖隆大学东亚语言系也设有汉语课程，汉语课程的学时占了课程总学时的50%。

格但斯克大学的汉语专业自2013年开始设置，每年招收2个班的学生，招生人数在24人左右。该校为学生开设了实践汉语、中国历史、中国文化、亚洲电影、中国名著、汉语言文学、中国经济等课程。

此外，其他一些大学也开设了汉语课程。例如，保罗二世天主教大学于2013年设立了汉语专业，每年招收2个班，每班24人左右。圣卡基米日大学开设了汉语选修课，由中国汉语教师负责授课。2015年，该校设立了汉语专业，招生比例进一步扩大。2005年，西里西亚大学英语学院设立了汉语专业，并于2006年9月开始招生，汉语课占该专业课程总数的50%。

总体来说，华沙大学和波兹南大学的汉语专业开设了多年，已经形成了一整套比较完备的汉语教学体系，并且有自编的中国文化、中国文学、汉语言、中国历史等教材。其余大学基本上使用由中国出版社出版的教材。

（三）波兰高校汉语教育的发展空间

从社会需求角度来看，波兰高校的汉语教育存在很大的发展空间，主要原因如下：

第一，汉语教育需求持续增长。随着中国经济不断发展以及中波关系的不断深入发展，汉语学习人数不断增加，学生的汉语学习热情持续高涨。

第二，波兰高校的汉语学科学位教育有待加强，汉语的发展空间较大。中国作为一个具有世界影响力的政治、经济和文化大国，汉语理应在波兰高校更具影响力。

第三，波兰政府加大了对汉语教育的支持力度。在过去，波兰国内对中国的研究（特别是对中国文化的研究）投入不足。现在，波兰积极融入亚洲经济文化，培养汉语专门人才成为波兰外语教育需要解决的重要问题之一。

第四，中国文化推介活动还有很大的提升空间。随着中国文化产品质量和出口数量的"双重"提升，中国文化在波兰很受欢迎，这必然对波兰高校的汉语教育产生很大的影响。

第五，孔子学院和孔子课堂在波兰的汉语教育和中国文化推广中将继续发挥主力军的作用。孔子学院和孔子课堂已经成为波兰的中国文化推广品牌，必将推动波兰汉语教育的更大发展。

第六，国际汉语教育逐渐规范化和制度化。语合中心统一规划了对外汉语教学大纲、课程标准、对外汉语教材和汉语水平考试（HSK）及中小学生汉语考试（YCT）。目前，波兰有7个HSK考点，分别是弗罗茨瓦夫大学孔子学院、格但斯克大学、华沙大学东方学院、雅盖隆大学孔子学院、卢布林天主教大学语言中心（非网考）、卢布林天主教大学语言中心（网考）和密茨凯维奇大学孔子学院。

然而，波兰高校的汉语教育需要很强的助力。波兰高校的汉语学科学位教育发展比较缓慢，主要原因在于以下两个方面：

一方面，波兰开设一个新的外语专业需要满足一系列的软件和硬件要求，既要符合波兰的外语教育规划，又要考虑学校的财政收支、师资和生源等问题。虽然汉语已经成为波兰外语教育中最热门的语种之一，但真正选择汉语作为外语专业的波兰学生还是比较少的。

另一方面，公共汉语教育和"专业+汉语"教育的发展空间也不会很大。根据波兰高等教育阶段各专业的人才培养方案，公共外语属于必修课，学生往往会选择在基础教育阶段已经学过的外语语种，主要基于以下两个原因：第一，可以进一步提高学生所学语言的能力；第二，可以减轻学生的学习负担。目前，初中和高中阶段的汉语课程大多数属于通识性课程，还没有成为必修外语课程。而"专业+汉语"教育也同样面临这样的问题，汉语目前还不属于欧盟国家多语言教学中规定的语种，中国高校对波兰大学生的吸引力不如欧美各国高校。

另外，波兰许多高校没有充足的汉语教师。波兰是教育社会化程度很高的国家，在社会办学可以满足学生外语学习需求的情况下，波兰大学一般不会聘请汉语专职教师来开设汉语课程。因此，在未来几年内，如果波兰中小学校的汉语教育有突破性发展，中、波两国的教育合作更加紧密，中国的高等教育能够得到波兰人普遍认可，那么波兰公共汉语教育和"专业+汉语"教育就会有较大发展。

在上文提到的几种汉语教育类型当中，只有通识性汉语教育的发展空间最大，主要原因如下：第一，中国提出了"一带一路"倡议，波兰成为"一带一路"沿线国家的重要节点，中国在波兰的影响力也在进一步扩大；第二，有语合中心的支持，语合中心会派出优秀教师，提供优秀教材等教学资源，组织安排各类教学、科研和文化宣传等活动，客观上能够帮助波兰高校解决教材、师资等问题；第三，波兰高校开设外语选修课程的条件不是很高，汉语作为高校学生的外语选修课，学习人数在不断增加。第四，汉语教师教学有方法、有耐心，课程内容丰富、趣味性很强，学生在选修汉语课程同时可以选修中国文化、中国历史等课程。

综上所述，波兰高校学生对汉语的学习需求较为旺盛，但是制约汉语教育继续发展的因素也不少。可以预见，在未来几年内，波兰高校的汉语教育发展相对比较平稳。

第三节
波兰中小学校的汉语教育

（一）波兰中小学校的汉语教育现状

近些年，波兰中小学校的汉语教育发展较快，主要是因为一些中小学校有机会跟孔子学院或孔子课堂合作，开展汉语教学活动。

少数中小学校有机会跟中国的教育机构合作，开设汉语课程。在没有孔子学院或孔子课堂的地区，汉语教育发展相对滞后。就目前波兰中小学校汉语教育发展情况来看，主要呈现以下几个特点：

第一，与孔子学院或孔子课堂合作的中小学校的数量，以及学习汉语课程的学生数量都在逐年增加，但发展速度相对较慢。以克拉科夫市中小学校开设的汉语课程为例，雅盖隆大学孔子学院一开始就与克拉科夫市的中小学校建立了教学合作关系。2010—2011学年，当地有3所学校开设了汉语课程。2013—2014学年，当地开设汉语课程的学校达到12所，其中有4所属于私立学校。克拉科夫市第十六中学还把汉语当成必修课。在克拉科夫市第一一二小学，有5个班开设了汉语课程。雅盖隆大学孔子学院在中小学校推广汉语课程的工作是波兰多家孔子学院和孔子课堂中做得最好的。其他孔子学院和孔子课堂都在为汉语教育推广工作而努力，但效果并不理想。

第二，办学规模小，汉语课程的影响力不大。2016年9月30日，波兰教育信息网（SIO）公布了2016—2017学年波兰基础教育阶段（包括全日制和非全日制教育）外语教育的数据。按照当年选择外语课程的学生数量与当年学生总数，外语必修课程语种排序依次为：英语（占比71.5%），德语（占比23.3%），俄语（占比2%），西班牙语（占比1.6%），法语（占比1.4%），拉丁语（占比0.3%），其他语种（占比0.13%）。汉语不是波兰中小学校的必修课程。外语选修课程语种排序依次为：英语（占比59.8%），德语（占比29.2%），俄语（占比4.7%），法语（占比2.33%），西班牙语（占比2.25%)、意大利语(占比0.7%)、其他语种(占比0.66%)。只有部分波兰中小学校把汉语列为必修课程。从以上数据可以看出,汉语在波兰中小学校的影响力还很小。

第三,波兰中小学校汉语教学的软件和硬件条件不足。目前,波兰中小学校缺乏汉语教育的整体规划,缺少顶层设计,有些中小学校对汉语教育的热情并不高,投入也不足。汉语教师严重不足,特别是波兰本土的汉语教师非常少,波兰中小学校几乎全部要依赖孔子学院或孔子课堂,而本土汉语教师在语言水平、教学能力等方面都不高。目前,波兰中小学校的汉语教材由语合中心统一提供,但缺少波兰文版的汉语教材,适合波兰青少年特点的汉语教材还在完善之中。

第四,波兰中小学校汉语教学工作开展得不够充分,但中国文化推介活动却做得很好。波兰中小学校与孔子学院或孔子课堂合作,除了开设汉语课程,还会举办各种中国文化推广活动,以便吸引学生的注意力,提高学生对汉语学习的兴趣。我们以雅盖隆大学孔子学院为例,该孔子学院每年都会在合作学校举办各种活动,推介中国文化,活动内容丰富多彩。例如,学校会举办科普讲座,引导学生学习书法和剪纸,进行茶艺表演和武术表演,举办摄影展等。2011年,克拉科夫市第十六中学举办了"中国年"活动,在活动中,雅盖隆大学孔子学院举办了中国新年的传统习俗活动和舞龙表演,还举办了书法、中国游戏和舞蹈研讨会,参加活动的波兰学生都有一个中文名字,并得到吉祥物。其他开设孔子学院或孔子课堂的城市或地区也存在同样的情况,各孔子学院或孔子课堂也积极举办各种文化活动，以便提高学生对中国文化和汉语的兴趣。

第五，波兰中小学校的汉语教育对孔子学院或孔子课堂的依赖性很强。孔子学院或孔子课堂需要提供师资、教材和补充学习材料，还要在汉语课程教学大纲、汉语教学设计、汉语教学研究、汉语教师培养、中波教学经验交流、活动场地、活动设备和主题设计等方面提供帮助。中国驻波兰使领馆、孔子学院或孔子课堂的工作人员、中方汉语教师、汉语志愿者、文化中心工作人员和中国留学生等都积极举办了各种文化活动，从而推动了波兰中小学校汉语教育的发展。

第六，在波兰中小学的汉语课程体系之外，各种语言培训课程和文化体验课程发展迅猛。对此，孔子学院或孔子课堂起到了非常大的作用，大力支持了波兰中小学校汉语教育的发展。例如，雅盖隆大学孔子学院为附近地区的学龄前儿童（4—6岁）有计划地开设了中国文化体验课程，在游戏和手工活动中，孩子们学会了一些中文短语和词汇。再如，雅盖隆大学孔子学院举办了"快乐动物园"活动，通过动画片，波兰儿童认识了大熊猫和中国朋友，了解到大熊猫的生活和中国人的生活习惯。该孔子学院还举办了以"龙的国度"为主题的活动，向波兰儿童呈现中国神话中的"龙"，介绍中国龙与波兰童话中的瓦维尔龙的不同之处，给波兰儿童讲中国龙的故事，教会他们制作中国龙面具。该孔子学院还根据孩子们的需要调整培训计划，开设系统的语言训练课程。因此，克拉科夫地区中小学汉语教学活动开展得比较好。

其他孔子学院或孔子课堂也在努力开展各种活动，推介中国文化。例如，奥波莱工业大学孔子学院常年坚持把社区居民及中小学校、幼儿园的学习者请进来，已经与当地几所学校建立了长期稳定的合作关系，学生会定期来学校学习中国文化课程。该孔子学院还定期举办"体验中国文化"专题活动，丰富的图片和视频资料向小朋友们展示了中国社会概况、中国的文化遗产与山川名胜。在汉语知识介绍的环节中，教师准备了合适的学习材料，在涂涂画画、手舞足蹈的互动体验中，大家对汉语有了初步的感性认识。自2008年建院以来，奥波莱工业大学孔子学院每年都会参加当地社区组织的慈善义捐等公益活动，定期邀请当地孤儿院的孩子以及奥波莱地区患有唐氏综合征的孩子来校做客。因此，中国文化在该地区影响力较大，中小学校的汉语教育开展得较好，而且会有更大的发展空间。再如，密茨凯维奇大学孔子学院为了吸引中小学生，提高他们对中国文化和汉语的兴趣，开办了少儿培训班，培训班一年一期，从1月开始到6月结束，共12次课，分成2个班，活动主题包括中国新年、中国十大名茶、神秘的动物王国、中国园林、中国书法、青花瓷、中华民族和中国发明等。

（二）对波兰中小学校汉语教学质量的评价

语合中心制定的对外汉语教学大纲考虑到了外国学生的文化背景和心理特点。波兰教师也认为，中小学校汉语教学的知识目标和能力目标都要符合客观实际，并能满足学生的实际需求。在汉语教学实践中，教师基本上能够完成教学任务，学生基本上能够接受并掌握课程内容，一些学生的汉语基础较为牢固，并且具备一定的汉语应用能力。同时，波兰教师还发现，汉语教学可以提高学生的思维能力和创造力。通过参加汉语课程的学习，一些中小学生的学习态度变得更认真，并且养成了良好的学习习惯。校方和学生对中国汉语教师的教学工作评价较高。波兰教师认为，中国汉语教师有丰富的教学经验，态度热情，责任心较强。中国尊师重道的传统和因材施教的教育理念对引导学生掌握学习方法、端正学习态度、培养学习习惯等起到了积极作用。对此，一些波兰学生给出了自己的评价，摘录如下：

"我对汉语课非常满意，因为老师总是在帮助我们分析那些令人难以理解的问题，并且课堂气氛非常好。"（Agnieszka）

"老师善于营造有利于学生学习的课堂氛围。在老师的帮助下，我们有了学习的热情和动力，很快就能完成学习任务。"（Izabela Her）

"老师非常友善，很有耐心，汉语学习因此变得更容易，我感到非常开心！"（Thanh Hien N.）

"老师非常有耐心，但要求也很高。为适应学生的语言水平，老师特意调整自己的语速，并努力使汉语课堂变得轻松、有趣。"（Adam C.）

"我对汉语课非常满意。老师耐心地给我们解答各种疑问，班里的学习氛围非常好，教材也很有趣。"（Jędrzej Kubica）

中国教师在工作态度、教学方法、教学内容设计、教学管理等方面的突出表现也给波兰教育工作者留下了深刻的印象，这些优点对汉语教学水平和学生语言能力的提高起到了重要作用。

对波兰中小学生来说，汉语属于比较难学且对未来个人发展意义不太大的语言，所以，他们的学习心理也在不断发生变化。学生毕业后，往往需要在大学阶段或其他汉语教学机构接受更多、更专业的汉语培训。

此外，一些汉语教师的个人水平也会影响汉语教学的质量。大部分中小学生的英文水平有限，而大多数汉语教师是用英语开展教学工作的，这样难免会存在一些沟通障碍，大大地影响到教学的质量和进度。所以，一些与孔子学院或孔子课堂合作的中小学校，只接受会讲波兰语的中国教师。如果教师离任回国，可能会出现课程中止、合作暂停等情况。对此，部分学校会安排英语教师在课堂担任助教。一些学校会选择聘请本土汉语教师，但本土汉语教师存在汉语发音不标准、专业水平有限、对中国文化理解不透彻等问题，同样会影响学生学习汉语的效果。语合中心能够提供的可以用波兰语授课的教师非常有限。目前，全国只有来自北京外国语大学、哈尔滨师范大学等高校的极少数波兰语专业毕业生可作为中国公派汉语教师和志愿者。

教材质量也是影响汉语教学质量的重要因素。除了《新实用汉语读本》《快乐汉语》和《汉语乐园》等语合中心规划的教材，波兰中小学校使用的教材都是波兰各个孔子学院或孔子课堂自编的辅助学习材料，此外还有《波兰人学汉语初级教程》《波中文化趣事》等自编教材。另外，语合中心还提供电影库、音乐数据库和一些中文书籍。

第四节
波兰学生学习汉语的心理

我们对二十多位波兰学生进行了访谈，并走访了十几位波兰本土汉语教师，了解到波兰学生学习汉语的心理，要点归纳如下：

第一，学生学习汉语的兴趣较高，有较强的学习动机，并且他们充满热情。无论孩子还是大人，在没有接触汉语之前，都感觉汉语很神秘。选择学习汉语课程的学生，学习动机主要是自己的兴趣或发展前途，学习目的比较明确，因此，他们在汉语学习过程中具有极大的热情，能够积极参与。

第二，学生学习外语的经验比较丰富。波兰学生学习外语的心理体验较多，心理较为成熟。前文已经指出，外语是波兰基础教育阶段学生必须学习的课程，初中生和高中生还要选修第二外语课程甚至包括第三外语课程，汉语也是一些学生的第二外语或第三外语。因此，在学习汉语时，许多学生已经具备相当丰富的外语学习经验，他们的接受能力、理解能力与思辨能力较强，已有的外语学习经验能够快速运用到汉语学习当中。

第三，汉、波两种语言的差异对学生的心理影响较大。汉语的语音规律、语法结构和语言世界图景与波兰语存在较大的差异，汉语背后的中国文化图景与斯拉夫文化图景也存在很大的不同。因此，大多数波兰学生接触汉语后会发现，汉语的学习难度较大。波兰学生学习汉语时，在词类、语法、标点符号、汉字书写、表达方式等方面有很大困难。[①] 波兰学生很难区分汉字的字形、语音和语调。很多波兰人感觉汉字就像一堆灌木丛，横横竖竖，根本看不懂。一些学生缺少耐心，从而影响汉语学习的进度与效果。

波兰学生初学汉语时，汉语的难度让他们望而生畏，但是，经验丰富的汉语教师可以采取各种方法来消除学生的畏惧心理。一些学生对此表达了这样的看法：

"经过一段时间的学习，我认为波兰人可以学好汉语。我对自己已经取得的进步感到惊讶。确实，刚开始学习汉语时我感觉很难，但现在，我的感觉越来越好。"（Magdalena S.）

"我想继续学习汉语，主要是因为这里有优秀的老师和非常好的课程。"（Paulina M.）

"汉语课堂上有着良好的学习氛围，老师会把所有内容都清晰而准确地翻译出来。一开始我认为，学好汉语是一件非常难的事情，现在我觉得没那么难了。"（Patryk B.）

对欧洲人来说，汉语是一种十分复杂的语言。但是，经过

---

① 赵梅艳：《波兰汉语教学现状研究》，四川师范大学硕士论文，2009年。

教师的努力，在教材、授课方式、课程内容等方面进行改革与创新，学生慢慢领会到了汉语的魅力，这对他们的学习有一定的促进作用。

第五节
汉语在波兰的推广

（一）汉语在中波合作中的作用

历史上，汉语对中波关系的发展起到了重要的桥梁作用。中华人民共和国成立之初，就在波兰开设了汉语教学班，开创了中波教育合作之先河，波兰开始培养派往中国的留学生。1951年6月成立的中波轮船股份公司，是新中国第一家中外合资企业，汉语在双方的沟通交流中起到不可替代的作用。改革开放以后，对外汉语推广进入一个新的历史发展时期，汉语在中波友好交往中扮演着更加重要的角色。一些波兰学者认为，这与语合中心的办学宗旨、原则等有密切关系。孔子学院的基本原则就是：服务当地，互利共赢，充分发挥文化交流的平台作用，促进各国人民的交流与互鉴，努力为当地经济、教育、文化发展等提供服务。

汉语在中、波两国合作中发挥的作用主要有以下三个方面：

首先，促进了两国的文化互信与合作。汉语是中国文化的载体，也是中国文化的重要组成部分。通过学习汉语，部分波兰人开始深入了解到中国的历史、社会、文学、艺术和教育。习近平主席曾经指出："掌握一种语言就是掌握了通往一国文化的钥匙。"① 掌握了"汉语"这把钥匙，波兰人就可以了解中国更多的优秀传统文化，开展中波文化比较研究，吸收优秀的文明成果，从而为中、波两国教育合作、经贸往来、政治互信和国际合作等创造条件。陈至立表示："孔子学院自创办以来，对全世界旅游业的贡献率超过了3%。一些国家的学生因为学了汉语，就把假期游学的目的地定在中国，而中国之行则使他们认识和了解了一个生机勃勃、积极向上、文明友好的中国，增强了他们对中国的友好感情。"②

其次，为中、波两国全方位的交流与合作培养了大批人才。波兰的外语教育发展较快，但还不能满足中、波两国关系发展的需要，尤其是对高级翻译人才的需求。波兰教育主管部门指出，在波兰开展汉语教育，就像在中国开展波兰语教育一样，为两国之间的交流与合作构建了一座语言桥梁。随着汉语在波兰的推广，大量了解中国国情、通晓中国语言和文化的人才将会出现，并在中、波两国全面合作中发挥巨大作用。

再次，促进了中、波两国的教育合作。中国学者指出，汉语教育在增进中波友好关系发展的同时，也进一步促进了双方的教育合作，孔子学院和孔子课堂本身就是对外教育交流与合作的典

---

① 《习近平：掌握一种语言就是掌握一国文化的钥匙》，载《人民日报》，2014年3月30日。
② 陈至立：《对外汉语推广和中外文化交流的成功实践——写在孔子学院创建10周年之际》，载《人民日报》，2014年12月19日，第12版。

范，是语言文化交流与合作的新模式。它们不仅提高了波兰教育的国际化程度，也为波兰的汉语教学、中国文化推介和教育国际化等培养了人才。

（二）波兰推广汉语的机遇和条件

1. 两国长期的友好关系是汉语推广的基础

波兰是最早与中华人民共和国建交的国家之一，两国人民一直保持着友好关系。两国建交至今，双边关系平稳发展。进入21世纪，双方政治互信不断增强，各领域的合作日益深化。2004年，两国缔结了"友好合作伙伴"关系。2011年，两国明确了"战略伙伴"关系。2015年，波兰总统杜达应习近平主席的邀请来华访问，并参加了中国—中东欧国家领导人会晤。在会晤中，双方均表达了进一步加强科技创新与合作的愿望。在杜达访华期间，中、波两国签署了《中华人民共和国政府与波兰共和国政府共同推进"一带一路"建设的谅解备忘录》等多份重要合作文件。2016年，习近平主席对波兰进行了国事访问，两国关系由"战略伙伴"关系提升为"全面战略伙伴"关系，中波关系在新的历史时期实现了新的飞跃。所以说，两国长期的友好关系是波兰推广汉语的坚实基础。

2. 两国在文教方面的合作助推汉语的发展

波兰是最早与中国签订文教合作协议的国家之一。在习近平主席2016年访问波兰之前，两国已签订了23个文教合作年度执行计划。近年来,中国在波兰的留学生以及波兰在华留学生的数量均大幅度增加,波兰一些中小学校都陆续开设了汉语课程。波兰各界普遍认为,习近平主席的访问能够全面深化波、中两国人文交流与合作。波兰副总理雅罗斯瓦夫·格文表示,波兰非常渴望进一步加强与中国在高等教育领域(特别是在互换留学生方面)的合作。在习近平主席访问波兰期间,两国教育主管部门共同签署了相互承认高校毕业文凭的文件。两国在教育文化领域的深入合作将会进一步推动汉语在波兰的发展。

3. 两国经贸合作为波兰汉语教育的发展提供了动力

波兰是欧盟的重要成员国,是中国的重要贸易伙伴,也是"一带一路"经济带上的重要节点。目前,中国已经在基础设施、科技、金融等领域对波兰进行了重点投资,而波兰也把中国作为重要投资市场,中、波两国在经贸、科技、旅游、教育等领域交流与合作不断加强。在此契机下,波兰的汉语教育将进入新的发展阶段。

4. 中国文化影响力的提升能够促进波兰汉语教育的发展

习近平主席对波兰的访问,在波兰刮起了一阵"中国风"。波兰国家的书店里有了更多有关中国的图书。波兰建立了首个"中国图书中心",汉语更加受到波兰人的重视,两国人文交流上升到了一个新的高度。除了政府间的合作,中、波两国人民的民间交往也有着非常深厚的基础。一些波兰人在社交媒体上注册了公众账号,推送中国的文化、历史、社会以及两国交往动态，吸引了不少粉丝。中国文化影响力的迅速提升必将促进汉语教育在波兰的发展。

5. 国家的汉语推广项目为波兰的汉语教育提供了支持

目前，波兰共有五所孔子学院和两个孔子课堂，汉语推广工作已经在孔子学院或孔子课堂所在城市及附近地区全面展开，并且初步完成了汉语教学、中国文化推介和汉语教师培训等网络建设。语合中心还会继续加大对外汉语教学和中国文化的推介力度，波兰的汉语教育将会进入一个新的发展期。目前，新的汉语教育体系基本上可以满足波兰各层次学员的不同学习需求。例如，语合中心举行的国际汉语比赛"汉语桥"，已成功举办了20届，波兰的汉语学习者在比赛中屡获佳绩。语合中心还组织了波兰的中小学校校长和有关人士访华，同时培训汉语教师，资助他们来华学习。

6. 汉语教育的规范化能够确保波兰汉语教育的平稳发展

早在1992年，《中国汉语水平考试（HSK）办法》就已经发布了，统一的对外汉语教学大纲和课程标准也已经颁布实施。[①] 新的课程体系、教学方法、教材、教辅材料以及对外汉语教学研究规划等逐步得到落实，且日趋完善。这些措施能确保汉语推广工作有序进行，并实现可持续发展。

---

① 相继制定了《孔子学院章程》《国际汉语能力标准》《国际汉语教学通用大纲》和《国际汉语教师标准》等文件。

7. 波兰的"汉语热"对汉语推广工作起到助推作用

近年来,汉语作为"未来的语言",慢慢引起波兰政府、教育机构、学生及家长的重视,波兰人对汉语的认可度越来越高。波兰人十分重视对外语的学习。在2015年进行的一项网络调查中,所有参加调查的波兰人都认为,必须精通一门外语。其中,94%的受访者在学校里学过一门外语,而且许多年轻人还通过网络来学习外语。现在在波兰,学习汉语的人越来越多,一些商人、高级技师、计算机和IT从业人员也努力学习汉语。可以说,在波兰已经初步形成一个热衷中国文化、喜欢学习汉语的群体,并且学习人数还在持续增加。

(三)波兰汉语教育存在的问题与对策

目前在波兰,汉语教育已进入一个稳定发展的阶段,学习汉语的人数不断增加,学习者的年龄结构日趋合理,但波兰的汉语教育仍然存在一些问题。

1. 汉语的教学质量和水平有待提高

目前,波兰的汉语教学质量和水平有待提高,学制、人才培养模式、师资、教学方法、教材建设、教学研究等需要改革和创新。在汉语教学中,教师需要进一步研究符合波兰教育理念的教学策略和方法;教师的授课语言应该是波兰语和汉语;教材应突出趣味性,以满足波兰学生的学习需求等。

目前，需要解决的关键问题是汉语教师的授课语言能力。第一个关键问题是，汉语教师的英语水平普遍未达到"精通"水平，而波兰学生的英语水平也非常有限。有些波兰学生反映，用英语学习汉语在心理上有些不适，所以有些教师的汉语教学活动开展得并不顺利，学生学习汉语的热情有所下降。特别是在中国文化体验课上，语言沟通方面存在的问题会直接影响波兰学生对中国文化的认知与理解。因此，应该为零基础或初级水平的学生安排能讲波兰语的教师授课。这样，学生学起来会轻松一些，学习态度会更加积极。

第二个关键问题是，教师的语言水平不高，文化知识积累不足。很多波兰人对中国文化的兴趣非常浓厚，无论是书法、武术，还是中医、茶道，都深深地吸引着他们。因此，未来从事国际汉语教育的人都应该先掌握有关中国文化方面的知识。汉语教师不仅要精通对外汉语教学，而且要把涉及各领域的中国文化知识介绍给感兴趣的外国人。因此，教师在这方面的培训和学习必不可少。

自2018年起，除了北京外国语大学和哈尔滨师范大学，上海外国语大学、广东外语外贸大学等高校会有更多的波兰语专业毕业生，语合中心鼓励非通用语种专业的学生参加公派汉语教师或志愿者的招考，这对汉语在波兰的推广将会起到积极的促进作用。

2.波兰各个地区的汉语教育发展不均衡

由于经济、历史和文化等多方面的原因，波兰国内各个地区对汉语教育的认知存在差异，导致各个地区汉语教育发展不平衡。

目前，波兰的汉语学习者主要集中在大城市或经济比较发达的地区。在这些地区中国人较多，学校也比较重视汉语人才的培养，所以汉语教学工作比较容易开展。

目前，我们应该坚持现有的汉语教育发展模式，继续发挥孔子学院和孔子课堂的辐射作用，以波兰高等教育阶段汉语教学为依托，提高汉语专业毕业生的质量和数量，为汉语推广工作培养人才。同时，要加强汉语和中国文化传播力度，利用现代传媒手段，让更多的波兰人接触和了解中国文化。在这方面，我们可以借鉴日本的做法。例如，为了推广日本的饮食文化并推销日本食品，日本企业在波兰的许多超市全天滚动播出日本的美食节目，以便达到更好的宣传效果。

3. 波兰一些教育机构推广汉语的积极性不高

波兰一些教育机构对汉语推广持观望态度，有些波兰人对汉语专业的发展甚至抱有怀疑的态度，导致汉语在波兰的推广遇到一些阻力，主要表现为：汉语并没有进入波兰中小学外语必修课名单中；开设汉语专业的高等教育机构的数量一直没有太大变化，招收人数不多；与其他语种相比，汉语的教学规模很小。因此，汉语推广应该走"高层合作路线"，特别需要加强政府之间、教育机构之间的合作。

4. 中波语言文化之间的差异较大

汉语与欧洲语言的差异较大，波兰学生在学习汉语的过程中会有很大的困难。一些学生对中国文化了解不多、不全面，在汉语学习过程中会产生逆反心理。对此，波兰教育工作者给出建议：开展丰富多彩的中国文化推广活动，压缩汉语语言知识学习内容，增加趣味性较强的中国文化体验内容等。

5. 媒体宣传对汉语推广有一定的影响

国际政治形势变化、中波两国关系走向、国际性重大社会安全事件等也会影响中、波两国之间的教育合作与文化交流，从而影响到汉语教育在波兰的发展。近些年，受到中美关系、中欧关系和中俄关系等方面的影响，中波关系也在曲折中不断深化发展。此外，西方媒体对中国文化的宣传也会影响汉语在波兰的推广。对此，我们要保持开放态度，坚定信心，采取更加积极、有效的外宣政策和措施，与波兰开展积极、有效的合作，为汉语推广创造条件。

第六节
波兰的汉语服务需求

（一）波兰的中资企业和本地企业对汉语的需求

近些年，中、波两国经贸合作持续发展。华经产业研究院提供的数据显示：截至2020年11月，中国与波兰双边货物进出口额308亿美元。其中，中国对波兰出口的商品总值为271亿美元，中国自波兰进口的商品总值为36亿美元。波兰也十分重视与中国的经贸关系。波兰投资贸易局局长托马斯·皮苏拉表示，中国是波兰非常重要的贸易伙伴，是波兰第二大进口国；而在中东欧国家中，波兰是亚投行的唯一创始成员国。2016年4月，波兰外长瓦什奇科夫斯基在访华期间介绍了波兰计划建设的多个大型项目，包括机场、高铁、码头等，希望这些项目能获得中方投资，而中国也希望借助自身的优势产业和装备制造能力加大投资力度。2012年，中国工商银行在华沙设立分行，广西柳工集团并购了波兰HSW公司工程机械部。2013年5月，湖北三环集团并购了波兰最大的轴承制造企业——KFLT轴承公司。2015年，中国企业投资1.8亿美元，入股了波兰一家上市生物制药公司，大力支持新一代胰岛素产品的研发。2017年，福建鸿波、同方威视等企业在波兰投资建厂，柳工集团在波兰建立了欧洲地区总部，中国建设银行在华沙开设了分行，昱辉阳光公司和中国海外工程有限责任公司分别承建了波兰多个太阳能发电项目和A2高速公路建设项目。2017年5月，中国驻波兰大使馆公布的数据显示，中国—中东欧投资基金在波兰投资了4个电厂项目；三峡清洁能源基金投资了数亿欧元，支持波兰发展风电项目；京西重工、鸿博等中国企业在波兰还设立了研发中心。华为公司波兰分公司与本地运营商合作，提供全球领先的产品和解决方案。该公司还与波兰高校合作，为波兰提供行业人才。

波兰本地企业也加强了与中国的合作，积极开拓中国市场，希望能将中国的产品优势与波兰的人才和技术优势有机结合，共同获得发展。中资企业在波兰提供了近1.5万个就业岗位，其中波兰本地员工的就业比例超过80%。

波兰本地企业和中资企业的波兰员工都希望了解中国的政治、经济、文化等方面的情况。目前，许多基本的企业文件，一般用英文和波兰文共同书写，极少用中文和波兰文共同书写。为了更好地实现沟通与合作，使贸易往来更加畅通，波兰的中资企业及本地企业已经开始培训员工，以便增强他们的汉语理解能力和沟通能力。有的公司已经跟孔子学院或中文教育培训机构合作，如华为公司的波兰员工报名参加了华沙地区私立中文机构的培训，学习汉语口语速成课程。有的公司员工直接请家教来辅导汉语。未来几年，为波兰的中资企业和本地企业培养汉语高级翻译人才并在企业普及汉语，是波兰国内汉语教育者的重要任务。

（二）波兰汉语人才的就业状况及市场需求

虽然波兰国内汉语人才的培养存在一些问题，但汉语人才的就业情况比较好。一些波兰研究者指出，中波友好关系的巩固和加强，两国全方位合作的深入开展，汉语高级人才极缺，与汉语教育规模小、培养层次低之间的矛盾越来越明显。目前，了解中国国情、汉语语言能力较强的高级人才仍是波兰乃至欧洲各国的稀缺人才。

当前，波兰的汉语人才主要包括：中国留学生，企事业单位懂汉语的工作人员，波兰高校汉语专业的在校生，一些汉语培训机构的教师等。他们从事的主要工作有：翻译，包括笔译、口译和网络翻译；汉语教学；中国国情研究与市场开发；其他与汉语有关的工作。一些汉语专业的大学生以及中国留学生也在从事兼职工作，比如：给波兰人当汉语家教，在培训机构从事汉语培训工作，在中国公司兼职当翻译等。在波兰境内，汉语专业毕业学生更具优势，主要从事的职业有：薪水较高的"宣誓翻译"[①]；中波贸易公司里的销售和翻译；中国企业在波兰市场的业务员；中国国航或波兰航空的空乘人员等。个别拥有硕士或博士学位的汉语学习者，还能进入中国驻波兰使领馆或波兰驻中国使领馆工作。还有一些汉语学习者自主创业，比如做琥珀、茶叶生意等。而其余汉语人才则集中在波兰或欧盟驻波兰的公司里，负责中国市场的管理工作。也有一些优秀的汉语人才被中国在波兰的企业单位录用，主要从事当地的市场开发工作。

从波兰汉语人才的就业形势来看，随着"一带一路"倡议的进一步实施，中、波两国政府间的往来会更加频繁，企业间的贸易合作会不断扩大，以下汉语人才仍然是市场急需的人才：汉语高级翻译，包括口译和笔译；"汉语+专业"的复合型人才，包括科技和法律类汉语人才；旅游翻译；汉语教师；精通中国文化的汉学家等。

---

① 宣誓翻译是欧洲执行的一种翻译及其认证模式。"宣誓翻译"一词源自翻译程序中的翻译员宣誓环节，通常誓词为："我宣誓，作为经过认证的翻译员，我所翻译的资料真实有效、忠实原文，我承诺承担因我的翻译所导致的一切法律诉讼连带责任。"

（三）波兰未来的汉语服务需求

由于波兰的汉语人才市场十分活跃，越来越多的波兰人开始关注并学习汉语。目前，波兰的汉语教育呈现良好的发展势头。汉语学习者在不同的年龄段，学习目的和需求也不同：有的人是父母帮助他们选择汉语的，有的人是自主选择汉语的，有的人是为了找一份高薪工作而选择汉语的，有的人则为了家族企业有更好的发展，有的人只是为了解中国悠久的历史和文化。此外，还有相当一部分波兰学习者表达了学习汉语的意愿，希望将来能够从事与汉语有关的工作。

目前，汉语教育在波兰有非常好的发展前景，但我们也要冷静看待现在的"汉语热"，努力提升汉语教学质量，提高人才培养层次；不要盲目扩大规模，而要时刻关注汉语人才市场的变化。从长远角度看，汉语人才的就业市场不只是在波兰，而是在整个欧洲，甚至是在整个世界。因此，波兰未来的汉语教育将面向整个欧洲，满足各个群体的汉语学习需求。

今后几年，波兰汉语学习者的数量将会持续稳步增长。需要指出，波兰学习者对汉语学习的层次、知识水平和能力的要求也在不断提高。他们希望汉语教育工作者能够提供诸如健康咨询、用中国传统哲学思想指导人生规划、中国艺术审美等方面的服务。因此，未来的汉语教育将是多层次和多维度的，需要建立全方位的汉语学习和服务体系。

第四章 塞尔维亚汉语教育

塞尔维亚位于欧洲东南部，是巴尔干半岛中部的内陆国，也是南斯拉夫社会主义联邦共和国（简称"南联邦"）最大的继承国。塞尔维亚是"一带一路"沿线中东欧国家中最重要的节点之一，并且其汉语教育在南联邦各成员中开展得最早。因此，掌握该国的汉语教育情况对了解巴尔干地区汉语教育的整体发展情况，具有十分重要的意义。我们通过走访、会谈、电话、电子邮件、查阅资料等方式，对塞尔维亚汉语教育的现状以及该国对汉语教育的服务需求进行了深入调查。通过调查分析，我们试图厘清当前塞尔维亚汉语教育发展的优势及短板，旨在政策制定、制度设计及教材编写等方面优化我国对外汉语教育的质量，希望更好地促进汉语教育在当地的发展与传播，拓宽中塞文化交流渠道，弘扬中国文化，让世界了解中国。

我们对塞尔维亚汉语教育的调研工作于2017年9月开始，自2019年9月底结束，历时3年时间。我们依次对以下单位开展了调查工作：塞尔维亚教育主管部门及下属相关部门，中国驻塞尔维亚大使馆文教处，塞尔维亚开设汉语课程的大学、中学、小学和幼儿园（包括孔子学院和孔子课堂），塞尔维亚的中资企业，塞尔维亚本地企业等。我们也进行了问卷调查，主要内容包括：对塞尔维亚中小学校长（或负责人）开展的关于汉语教育现状和服务需求的问卷调查；对塞尔维亚的汉语教师开展的关于汉语教学情况的问卷调查；对塞尔维亚汉学家开展的关于汉学研究现状和服务需求的问卷调查；对中资企业和塞尔维亚本地企业开展的关于汉语培训和服务需求的问卷调查等。我们总共发出调查问卷140份，收回问卷102份，问卷回收率为72.85%。除了开展问卷调查，我们还通过走访、会谈、电话、电子邮件等方式向中国驻塞尔维亚大使馆的教育官员、塞尔维亚政府部门的教育官员以及大学校、院领导等进行了访谈、调研和咨询，以便了解更多的信息。此外，我们还梳理了相关部门的文献资料，以及在政府部门、机构、学校和主流新闻媒体官网上公开发布的信息。这也是本章数据信息的另一个重要来源。

第一节
塞尔维亚的外语教育政策

（一）塞尔维亚及其教育概况

塞尔维亚位于欧洲东南部，与黑山、北马其顿、保加利亚、罗马尼亚、匈牙利、克罗地亚、波黑和阿尔巴尼亚等国接壤。其国土面积为8.8万平方公里,全国人口数量约有700万,主要是塞尔维亚人,塞尔维亚人占全国总人口的83%。首都贝尔格莱德的人口约有168万。贝尔格莱德是全国的政治、经济、文化和科研中心。塞尔维亚其他比较知名的大城市还有诺维萨德、尼什、克拉古耶瓦茨等。塞尔维亚的城市人口数量占全国总人口的52%左右。①

目前,塞尔维亚属于非欧盟成员,但正在积极申请加入欧盟。欧盟对塞尔维亚的"入盟"设定了多个前提条件,其中最关键的一条就是:塞尔维亚必须承认科索沃的独立地位。这一条件使塞尔维亚加入欧盟的前景并不乐观。作为欧盟的候选国,塞尔维亚对国内的教育体制进行了改革,并修改了相关法律法规,以便更好地与欧盟的教育体系接轨。2005年,塞尔维亚议会通过了新的高等教育法案,宣布全国高等教育体系加入"欧洲学分互认体系"(ECTS)。

塞尔维亚一共有18所大学,其中包括8所公立大学和10所私立大学。以2014年为例,根据官方统计数据,②塞尔维亚公立大学的在校学生人数达到19万,私立大学的学生人数超过3万。首都贝尔格莱德是全国的教育中心,有3所公立大学(共35个学院),其中贝尔格莱德大学有31个学院,近9万名学生,是名副其实的"巨无霸"。其余5所公立大学分别设在诺维萨德、尼什、克拉古耶瓦茨、诺维巴扎尔和科索沃的米特洛维查。在10所私立大学中,有7所大学的总部设在首都贝尔格莱德,具体情况如表4.1所示。

---

① 相关数据参考塞尔维亚国家统计局官网:https://www.stat.gov.rs,访问日期:2019年9月30日。
② 相关数据参考塞尔维亚教育网:https://www.obrazovanje.rs,访问日期:2019年9月30日。

表4.1　塞尔维亚各大学及其开设汉语课程的情况（2014年）

大学名称	总部所在地	性质	学生人数	汉语课程类型
贝尔格莱德大学	贝尔格莱德	公立	90 000	本、硕、博三级培养体系，汉语为必修课
贝尔格莱德国防大学	贝尔格莱德	公立	1200	无
贝尔格莱德艺术大学	贝尔格莱德	公立	2000	无
诺维萨德大学	诺维萨德	公立	42 000	选修课、兴趣课
尼什大学	尼什	公立	28 000	选修课、兴趣课
克拉古耶瓦茨大学	克拉古耶瓦茨	公立	14 000	无
诺维巴扎尔公立大学	诺维巴扎尔	公立	3800	无
科索沃米特洛维查大学	科索沃米特洛维查	公立	10 000	无
辛吉度姆大学	贝尔格莱德	私立	9000	选修课
约翰·奈斯比特大学	贝尔格莱德	私立	约8000	选修课、兴趣课
都市大学	贝尔格莱德	私立	不详	无
工商大学	诺维萨德	私立	不详	无
埃杜孔斯大学	斯莱斯卡卡门尼查	私立	不详	无
联合大学	贝尔格莱德	私立	不详	无
尼古拉特斯拉大学	贝尔格莱德	私立	不详	无
阿尔法大学	贝尔格莱德	私立	不详	无
欧洲大学	贝尔格莱德	私立	不详	无
诺维巴扎尔私立大学	诺维巴扎尔	私立	不详	无

（*注：大部分私立大学不公开注册学员的人数情况，塞尔维亚教育相关部门也不提供相关信息，所以我们无法获得确切数据。）

塞尔维亚大学本科学制一般都是4年制（医学和建筑类专业除外），学生要修满ECTS规定的240学分。一学年为两个学期，第一学期从9月开始至12月结束，第二学期从第二年的3月开始至6月结束。每一学年设置5—6个考试时间，学生可以根据自己的情况自由选择考试时间。大学的课程设置基本都是以学期为单位，内容多的课程（如英语专业课程）可拆分成8个学期的课程来学习，如大一的《大学英语1》和《大学英语2》，大二的《大学英语3》和《大学英语4》，依此类推。

塞尔维亚在加入ECTS后，硕士学制由原来的2—3年改为1年，ECTS学分为120分。但实际上，硕士生的平均学习时间为2年。博士学制也改为3年，学分为180分，其中博士论文为60分，而实际上，博士生的平均学习的时间为6年。

近年来，塞尔维亚全国中小学校的数量和学生人数呈递减趋势。根据塞尔维亚统计局官网公布的统计数据，2015—2016学年，全国共有3382所小学和508所中学，详见表4.2。

表4.2 塞尔维亚全国中小学校学生人数分布表（2015—2016学年）[1]

学生人数	全国	北部	南部	学生人数	贝尔格莱德地区	伏伊伏丁那省	中西部	东南部
小学生人数	544 632	271 557	273 075	小学生人数	125 808	145 749	156 717	116 358
中学生人数	250 011	123 450	126 561	中学生人数	60 527	62 923	72 407	54 154

---

[1] 表中数据来自塞尔维亚统计局官网2017年的统计数据。此表的数据按两种方法进行统计：一是按南、北两部分，即南部和北部的学生总数是全国学生的总人数；二是按地区分，即四个地区（贝尔格莱德地区、伏伊伏丁那省、中西部和东南部）学生人数的总和是全国学生的总人数。

根据贝尔格莱德市政府官网2016年公布的数据,[①] 贝尔格莱德市现有288所中小学校,其中中学87所,小学201所。在所有小学当中,有14所专业类小学,15所艺术类小学,还有5所成人初等教育学校,其他的都是普通小学。在所有中学当中,有51所中等技术学校,21所普通中学,10所艺术类中学,5所专业类中学,其他的都是普通中学。2016年,贝尔格莱德的中小学生总共有186 335人,中小学教师共有2.2万人。

塞尔维亚第二大城市——诺维萨德有53所中小学校。其中,小学有37所,学生人数达到28 000人;中学和中等技校共有16所,学生人数达到17 000人。[②]

塞尔维亚第三大城市——尼什市,共有中小学58所。其中,小学有37所,中学和中等技校共有21所,中小学生的总人数为45 000人。[③]

（二）塞尔维亚的外语教育传统

塞尔维亚的外语教育始于19世纪。当时,塞尔维亚政府颁布了塞尔维亚历史上第一部教育法规,要求开设公立学校,设

[①] 参考网站:http://www.beograd.rs/cir/zivot-u-beogradu/1006-obrazovanje-i-nauka,访问日期:2019年12月24日。

[②] 相关数据参考诺市政府官网:http://juznobacki.okrug.gov.rs/sr/novi_sad_obrazovanje.php?lang=lat,访问日期:2019年12月24日。

[③] 相关数据参考塞尔维亚教育网:http://srednjeskole.edukacija.rs/drzavne-srednje-skole/nis,访问日期:2019年9月30日。

置外语课程，外语从此正式进入学校课堂。从一开始，学校对语种的选择就受到诸多外在因素的影响。因此，不同的语种在塞尔维亚的外语课程设置中的地位，在不同的历史时期和不同地区会有所不同。

20世纪初，法语被塞尔维亚多数学校设置成必修外语课程。而在两次世界大战期间，德语的地位大大提升，所以德语与法语并驾齐驱。20世纪50年代末，受当时特定的国际社会大环境和政治背景的影响，南联邦将英语和俄语确定为全国中小学校的必修外语课程，至此，法语和德语退居"二线"。

20世纪下半叶，英语在南联邦得到普及，英语的强劲发展势头一直保持至今。20世纪80年代，受当时盛行的外语早期教育理论的影响，南联邦开始推行"双外语教学计划"，有50%以上的中小学校设置了两门外语课程。英语在多数学校牢牢占据着"第一外语"的位置，俄语、法语和德语则作为备选的外语，而西班牙语、意大利语等小语种课程只有在语言中学（相当于我国现在的外国语学校）才会开设。那个时候，汉语还没有进入南联邦的中小学课堂。

南联邦解体后，塞尔维亚教育主管部门对国内中小学校教育体制进行了重大改革，其中就包括外语教学方面的改革。改革的结果是："欧洲共同语言参标准"（CEFR）成为塞尔维亚制定外语教学大纲的重要参考。新的外语教学大纲把中小学校外语教学目标、学生的语言技能评估等与CEFR的6个等级要求保持一致。

同时，塞尔维亚的中小学校对其他语种的设置也敞开了大门。2007年，除了俄语、德语和法语，意大利语和西班牙语也作为第二外语进入了中小学课堂，塞尔维亚教育主管部门专门组织专家对这两门新设的外语课程编制了统一的教学大纲。1995年，贝尔格莱德语言中学[①]开始招收第一届以汉语为第一外语的学生（汉语作为学生的必修课）。贝尔格莱德语言中学是塞尔维亚第一所开设汉语的中学。

（三）塞尔维亚中小学校的外语教育的政策

1. 塞尔维亚小学的外语课程设置情况及大纲要求

塞尔维亚初等教育（小学）学制为8年，1—4年级为小学教育的第一阶段，5—8年级为小学的第二阶段。塞尔维亚的中小学校不实行学分制，而是沿袭传统的学年制。选课的弹性仅体现在"限定选修课程"上，具体来说，就是宗教课程与德育课程之间的"二选一"以及对第二外语语种的选择。以选择第二外语为例，如果学生在入学时确定以德语作为第二外语，那么德语的学习就要贯穿始终。

外语教育在塞尔维亚的小学教育中占有十分重要的地位，贯穿着整个初等教育的始终。根据《塞尔维亚初等教育法》（2013年修订版），外语课属于"限定选修课程"。又根据《塞尔维亚

---

① 贝尔格莱德语言中学与中国的外国语大学附属外国语学校相似，是以培养外语人才为主要目标的中等教育机构。

初等教育第一阶段教学大纲》（2013年）以及《塞尔维亚初等教育第二阶段教学大纲》（2013年）的课程设置要求，小学生需要学习两门外语。小学生从小学1年级开始学习第一门外语，从小学5年级开始学习第二门外语。《塞尔维亚初等教育法》（2013年修订版）又规定，学校要根据自身的师资条件给学生提供可供选择的外语语种，而学生一旦选择了某一门外语，则该门外语就成为这名学生整个小学阶段的必修课程。

上述法律条例和教学大纲对小学第一外语的课时编制和教学要求如下：小学两个阶段的外语课程的总学时为560学时，学生的语言表达技能（说、写）能够达到CEFR的A2标准；语言理解技能（听、读）能够达到CEFR规定的B1.1级水平。第二阶段开始的第二外语，总学时数为280学时。在这一阶段结束时，学生的语言表达能力应达到CEFR规定的A2.1级，语言理解能力应达到A2.2级水平。小学毕业时，在允许使用其他辅助手段（如各种口语交际手段、视觉或图像等）的情况下，学生应具备至少使用一门外语进行口头交流的能力以及相应的书面表达能力。

《塞尔维亚初等教育法》（2013年修订版）还规定，学校在征求所在地区教育主管部门意见的基础上，有权决定该校开设什么样的外语课程或更改外语语种，并申报上级教育主管部门批准。学校应在当年的6月30日之前做出新设或改设外语课程的决定。

2. 塞尔维亚中学的外语课程设置情况及大纲要求

塞尔维亚的中等教育学制为4年，包括文科中学、理科中学、普通中学和中等职业学校，此外还有语言中学和数学中学。目前，塞尔维亚教育主管部门正式公布的语言中学有3所，数学中学只有1所。塞尔维亚的中学不实行学分制，而是实行传统的学年制，中学生毕业时需要撰写毕业论文。

《塞尔维亚中等教育法》（2013年修订版）第39条规定："原则上，中学生将继续学习在小学期间所学的两门外语。如果就读的学校只要求学习一门外语，学生可以在原来所学的两门外语中自选一门，或者选择学校规定的其他语种。"同时，这一法规又规定，"如果某一门外语没有达到开班要求（即选课人数少于15人），学校可以根据现有条件另行安排其他语种的学习课程"。

塞尔维亚教育主管部门在2013年和2015年分两次修订了外语教学大纲，对外语教学理念进行了调整，由原来注重语言本身的语法教学，转向了对学生语言技能的培养。塞尔维亚确定了学生外语水平考核的标准。该标准不再是"一刀切"的硬性指标，而是参照CEFR的6个等级，对学生的语言表达能力和理解能力进行单独评估。对职业学校学生的外语水平评估也更加符合专业要求。通过转变外语教学目标，塞尔维亚教育主管部门将学习专业外语知识、培养基本沟通能力等确定为职业学校的主要培养目标。此外，塞尔维亚教育主管部门还增加了外语教学大纲中专业外语的课程比例，由原来的20%增加到40%；同时，外语教材的内容设置也与职业能力的培养紧密挂钩。

（四）塞尔维亚外语教育存在的问题与挑战

塞尔维亚教育主管部门对外语教育所采取的一系列改革措施表明，全社会对外语学习高度重视，同时在外语教育理念上，与欧洲提倡的"多语言素质培养"保持一致。

不过，塞尔维亚的外语教育改革也带来了一些弊端。首先，双外语教育引入塞尔维亚中小学教育体制后，进一步巩固了英语作为"第一外语"的地位。目前，95%以上的塞尔维亚中小学校把英语当成第一外语，从而导致外语语种的不均衡发展。俄语、法语、德语、意大利语、西班牙等语种被设定为第二外语（只有少数学校才把它们设为第一外语）。其次，《塞尔维亚中等教育法》（2013年修订版）要求普通中学的学生继续学习在小学期间学习过的两门外语。这样，塞尔维亚教育主管部门原则上不会支持在小学阶段开设、中学阶段却没有学过的外语课程；反过来讲，中学生也不会选择在小学阶段没有学过的语言作为第二外语。这样一来，小语种语言或非欧洲语言（如汉语、日语、韩语等）很难进入塞尔维亚的中小学校课堂，并在塞尔维亚教学大纲中获得"第二外语"的地位，这将严重影响多语种教育在塞尔维亚的均衡发展。

根据塞尔维亚外国语言和文学协会提供的数据，2014—2015学年，全国中小学生学习第一外语和第二外语的人数统计如表4.3所示。

表4.3 塞尔维亚中小学生学习外语的人数(2014—2015学年)

外语语种	中小学生人数(人)
英语	600 000
德语	90 000
法语	80 000
俄语	62 000
意大利语	8000
西班牙语	3000

教学改革带来的弊端还有：第二外语在课时设置上比第一外语要少，从而影响到教学目标的完成。特别是在小学阶段的外语课程设置中，第二外语作为"限定选修课程"，又受到全学年总课时的限制。因此，学生很难达到大纲要求的A2水平。课时不足不仅严重影响到学校教学任务的完成，而且影响到这些语言的水平考试。

其他外语语种还面临着另一个严峻的挑战，那就是：由于财政紧缩，塞尔维亚教育主管部门不得不对中小学教师岗位进行缩编，而学校往往不愿意为了增设新语种的外语教师岗位而让原来的外语教师下岗。

第二节
塞尔维亚的汉语教育状况

（一）塞尔维亚高校的汉语教育

1. 塞尔维亚高校的汉语教育现状

塞尔维亚共有6所公立大学设有外国语言文学系，除了贝尔格莱德大学有独立的语言学院，其他5所高校还没有独立的语言学院，只有语言文学系。目前，塞尔维亚有3所公立大学开设了汉语课程。

2018年，贝尔格莱德大学语言学院注册的学生人数为1.2万人，教师超过400人，并且开设了26个语种。1974年，贝尔格莱德大学语言学院在东方语言系开设了汉语兴趣课程，课程的学习时间设置为三年。1985年，东方语言系正式设立汉语本科专业。贝尔格莱德大学成为当时整个南联邦唯一一所设置汉语本科专业的大学。汉语本科专业开设了汉语、中国文学、中国哲学、中国历史等40门本科课程，另外还有8门硕士课程和4门博士课程。该专业每年招收本科生30—40人，同时招收若干名硕士研究生和博士研究生。该专业现有正教授1人、副教授1人，讲师4人，助教1人，中国公派汉语教师1人。经过40多年的发展，东方语言系已成为塞尔维亚唯一一个具有本科、硕士和博士三级培养体系的汉语教育和汉学研究基地。自2004年起至今，东方语言系共培养了500多名本科毕业生、50多名硕士毕业生以及5名博士毕业生。

随着中、塞两国经济、文化、教育等领域的合作不断深入，贝尔格莱德大学语言学院东方语言系的汉语专业毕业生的就业情况越来越好。不少学生在当地政府部门当公务员，或在中小学校当汉语教师，还有一部分学生去了国外深造或谋职。

贝尔格莱德大学语言学院本科专业的汉语教学完全按照教学大纲和教学计划执行。该专业设有8个学期的汉语综合课、语法、口语和古代汉语等课程，并为高年级的学生设置了阅读与写作、翻译等课程。本科专业学生使用的是《汉语教程》（全四册）。该教材是由贝尔格莱德大学的汉语教师编写的。该教材按照《汉语水平词汇与汉字等级大纲》和《汉语水平语法等级大纲》的思路和要求编写，系统性强，突出了交际性原则。考虑到塞尔维亚学生的特点，该教材还增加了中国文化、中国历史以及两国文化交流的内容。该教材自使用以来，一直受到塞尔维亚师生的一致好评，至今仍是贝尔格莱德大学汉语专业学生使用的主要教材。在"古代汉语课"上，学生使用的是本校自编的《古代汉语》教程。在"汉语口语课"上，学生使用的是由中国出版社出版的教材，如《汉语会话301句》《初级汉语口语》《中级汉语口语》等。阅读、写作、翻译等课程，学生使用的是教师自编的讲义。

尼什大学哲学院于2015年10月开设了汉语选修课程。按照教学大纲的要求，学生需要连续学习两年的汉语课程，每年有两个学期，每学期有3学分，共计12学分。

诺维萨德大学于2014年8月建立了孔子学院，该院是塞尔维亚的第二所孔子学院。诺维萨德大学的汉语教学也是基于孔子学院的教学体系进行的。2015年，诺维萨德大学孔子学院为该校学生开设了汉语选修课和兴趣课。汉语选修课有3个班，每班22人，每周有4个课时。兴趣课有3个班，每班22人，每周有4个课时。孔子学院现有1名本土汉语教师，并且使用中国出版社出版的汉语教材。

除了上述三所公立大学，贝尔格莱德的辛吉度姆大学和约翰·奈斯比特大学也开设了汉语选修课和兴趣课。这两所大学属于私立大学，以人文学科为主，主要有商贸、金融、管理、旅游经济等专业。这两所大学也是塞尔维亚规模最大的两所私立大学，办学资金雄厚，在经费上能够支持开设新语种并增设教师岗位。

2011年，辛吉度姆大学下设的旅游经济学院、商贸学院、计算机与信息工程学院、工程管理学院等为学生开设了汉语选修课，每个学院平均每年有10名学生选修汉语课程。其中，旅游经济学院的汉语选修课程为4年学制，学生可以在大学4年里上完汉语课程。其他学院的汉语课程都是2年学制。该校有1名本土汉语教师，使用的教材是由中国出版社出版的《当代中文》（吴中伟主编，华语教学出版社出版）。

2011年，约翰·奈斯比特大学在下设的中国中心为本校学生和当地市民开设了为期3个月的汉语兴趣课程，学员人数在10—20人。该中心有1名本土汉语教师和1名中国公派汉语教师，使用的是由中国出版社出版的汉语教材。

塞尔维亚高校开设汉语课程的详细情况如表4.4所示。

表4.4　塞尔维亚高校开设汉语课程一览表

大学名称	性质	汉语课类型	学分制	2015年注册人数
贝尔格莱德大学	公立	汉语本科、硕士、博士三级培养体系，汉语为必修课	本科240学分，硕士120学分，博士180学分	不详
诺维萨德大学	公立	选修课	每学期3学分	22
尼什大学	公立	选修课	2年学制，共12学分	26
辛吉度姆大学	私立	选修课	选修课，2年学制（12学分）和4年学制（24学分）	40
约翰·奈斯比特大学	私立	兴趣课	兴趣课	20

2. 塞尔维亚高等教育体系中汉语教育的发展空间

塞尔维亚的公立大学除了语言学院或哲学院，这些大学的其他学院[①]目前均未开设汉语选修课。在今后3—5年，大多数学院都没有开设汉语课程的计划。

语言学院的第二外语选修课，要求与第一外语挂钩。举例来说，俄语专业的学生，所学的第二外语必须是一门斯拉夫语系的语言，如波兰语、捷克语等。法语专业的学生，必须选择意大利语或西班牙语作为第二外语。根据教学大纲中规定的外语教学内容，非语言类学院一般只开设一门专业外语课，学制一般为2年，而不开设第二外语课程。这些学院的学生大部分都在中学学过的第一外语（主要是英语）的基础上继续学习。此外，非语言

---

① 这里指的是非语言类学院，比如，由交通、经济、法律等专业共同组建的学院。

类学院的选修课程基本上以专业课为主，很少把语言课程设置为"限定选修课程"。

我们走访的一位工科学院院长认为，学生会根据个人兴趣或职业发展的需要来决定是否学习汉语。学生自己可以去其他机构去学习汉语，比如，去孔子学院学习汉语。因此，学院没有必要为了这些学生的个人兴趣和爱好专门设置汉语选修课。我们推测，在今后几年内，汉语教育在塞尔维亚高等教育体系中的发展应该定位于公立大学中设有语言专业的学院。另外，将汉语设置为选修课比开设汉语本科专业要容易，原因如下：一方面，塞尔维亚教育主管部门在设置汉语本科专业时会从全局出发，兼顾市场对高等教育人才培养的需求，还会考虑国家财政部门对就业岗位的限制；另一方面，塞尔维亚教育主管部门对教师资质设有各种门槛，比如，中国公派的汉语教师和志愿者不能担任大学专业（学术）负责人的职务；而成为专业（学术）负责人（至少有博士学位）是塞尔维亚大学设置汉语本科专业的一个必要条件。

相对而言，在语言学院（或哲学院）开设汉语选修课相对比较容易，限制条件也较少。以贝尔格莱德大学孔子学院在尼什大学哲学院成功开设汉语选修课为例，语合中心向尼什大学派出中国汉语教师和志愿者，暂时解决了大学汉语教师师资不足的问题，也没有给大学带来人员编制和经费的压力。另外，贝尔格莱德孔子学院还帮尼什助大学编写了教学大纲，提供了教材，保障了汉语课程的教学质量。尼什大学哲学院院长告诉我们，他们全校上下对增设汉语选修课都表示赞同，师生对第一学期的汉语课程的教学情况也十分满意，教学大纲也符合哲学院的培养目标和要求，中国公派的汉语教师有丰富的教学经验，工作认真负责，表现出色，并能取得良好的教学效果。校方相信，如果贝尔格莱德孔子学院继续给予支持，选课人数肯定会逐年增加。这位院长还建议，可以为学生开设中国文化选修课，使"汉语课程选修班"成为"双课程选修班"，即学生选修了汉语后，可以选修一门有学分的中国文化课程。同时，校方也期望尽早实施与中国大学的学生交流计划，为该校学生提供去中国留学的机会。

汉语教育在一些私立大学也存在一定的发展空间。不过，前文已提到，塞尔维亚最大的两所私立大学早在2011年就已经开设了汉语选修课和兴趣课，其他几所私立大学的规模要小得多。

（二）塞尔维亚中小学校的汉语教育

1. 塞尔维亚中小学校的汉语教学状况

纵观塞尔维亚中小学校的汉语教学状况，我们大致可以把它分为两个阶段：第一阶段为2012年以前；第二个阶段为2012年以后。在2012年以前，塞尔维亚只有3所中学开设了汉语专业课程，即贝尔格莱德语言中学、卡洛瓦茨语言中学和贝尔格莱德第十三中学。前两所中学开设的是零起点的汉语必修课，后一所中学的汉语兴趣课是由贝尔格莱德大学孔子学院帮助开设。汉语兴趣课不要求学生考试，考试成绩不会影响学生的升学或毕业。

贝尔格莱德语言中学的汉语专业课程是在1995年开设的。①该所中学是塞尔维亚第一所开设汉语专业课程的中学。在贝尔格莱德中学，汉语作为第一外语，学制4年。学生都是通过入学考试招录进来的。学校每年招收12—15名学生来学习汉语专业课程。2015—2016学年，贝尔格莱德语言中学4个年级的汉语班共有46名学生，并且学校有2名本土汉语教师。贝尔格莱德大学孔子学院与该校签订合作协议，该孔子学院派出中国汉语教师和志愿者，帮助学生完成学习任务。学生除了学习汉语，还会学习中国文学、中国历史、中国地理、中国文化等课程。2017年，贝尔格莱德大学孔子学院在这所中学设立了孔子课堂。经过多年发展，贝尔格莱德语言中学孔子课堂越来越受学生欢迎。

卡洛瓦茨中学于2010年开设了汉语专业课程，之后每年招收12—15名学生。该校有2名本土汉语教师和1名中国公派汉语教师。2017年，诺威萨德大学孔子学院在该校设立了孔子课堂。

贝尔格莱德第十三中学是贝尔格莱德大学孔子学院的下设汉语教学点，该教学点于2009年创建，为全校4个年级的学生开设了汉语兴趣课。孔子学院派出本土汉语教师和中国公派的汉语教师到教学点授课。该教学点平均每年招收学生的人数在40—50人之间。

总体来说，在2012年以前，汉语在塞尔维亚的普及率很低，而且中小学校的汉语学习者仅限于贝尔格莱德和卡洛瓦茨这两个城市的中学生，全国没有一所小学开设了汉语课程。

---

① 学习汉语的学生与学习日语的学生在一个班级里。除了汉语课和日语课学生要分开上，其他课学生都在一起上。

为了促进塞尔维亚外语教育的发展，塞尔维亚教育主管部门在综合考虑学校和社区的需求以及学生及其家长的兴趣基础上，决定在一些试点学校开展汉语教学。汉语教学试点项目的基本宗旨是：为不同民族、种族的学生提供同等的受教育机会，让他们在学习汉语知识的同时，能够正确认识中国的历史、文化和发展成就。2012年3月，中、塞两国签署了《"塞尔维亚共和国中小学开设汉语课试点"合作备忘录》。该项目第一期活动从2012—2013学年的第一个学期开始试行，至2012—2013学年的第二个学期结束，一共在塞尔维亚31所中小学校（95个班）进行了汉语试点教学。该项目第一期活动共有2387名学生参加，有14名中国汉语教师赴塞尔维亚各地任教。此举不仅使汉语进入了小学课堂，还打破了地域限制，让塞尔维亚其他地区的孩子也能够接触并学习汉语。[①]

在这一阶段，塞尔维亚的两所孔子学院也加大了汉语推广的力度，分别以贝尔格莱德、诺维萨德和尼什为中心发展汉语教学点。到2017年11月底，贝尔格莱德大学孔子学院建立了15个中小学校及幼儿园教学点（包括6所中学、6所小学和3所幼儿园），诺维萨德大学孔子学院也建立了6个教学点（包括5所中小学校和1所幼儿园）。

目前，除了贝尔格莱德大学孔子学院下设的汉语教学点由本土汉语教师承担教学任务，塞尔维亚其他中小学校的汉语教师全部由中国派出。

---

① 张婧、金晓蕾：《谈塞尔维亚本土汉语教师培养》，载《海外华文教育》，2016年第1期，第36—41页。

2. 塞尔维亚中小学校校长对汉语教学的评价

为了更好地掌握塞尔维亚中小学校开展汉语教学的情况，了解学校负责人对汉语教学质量、教学管理以及今后发展的看法，我们对参加"塞尔维亚中小学汉语试点项目"的中小学校（共46所）、2所孔子学院的中小学校汉语教学点（共14个）的校长进行了问卷调查。此次调查共发放问卷60份（共60个教学点），收回问卷25份，其中有效问卷25份。问卷共有16个问题，其中封闭式调查问题（客观题）有10个，开放式问题（主观题）有6个，内容主要涉及汉语教学的条件、教学质量、师资以及汉语教学发展所面临的挑战。

总的来说，塞尔维亚教育界对开展汉语教学的意义有清醒的认识，主要从教育的宗旨、提高学生综合能力等宏观角度考虑，希望通过汉语学习这一平台来学习、借鉴中国尊师重道的教育传统，以及"以人为本""教学相长"等教育理念。首先，被访的塞尔维亚校长们认为，中国有教师相互交流教学经验和自我提高的机制，也有注重学生德、智、体全面发展的教育理念，这些都是塞尔维亚教育工作者值得学习的。其次，塞尔维亚教育工作者看到，汉语教学可以帮助学生培养想象力和创造力，提高他们对周围事物的领悟能力，能够很好地提高他们的综合素养。最后，在塞尔维亚中小学校开展汉语教学有利于学生了解中国文化，能帮助他们打破固有的思维模式，扩大视野，增强自信心。

大多数校长建议，要成立"汉语教学联合委员会"，监督塞尔维亚全国各校的汉语教学质量，协调各部门、各教学单位的教学工作，同时给予物力、财力和人力等方面的支持。

3. 汉语教学点的教材使用、教学质量和水平测试情况

贝尔格莱德大学孔子学院下设的汉语教学点对由该孔子学院编写的汉语教学大纲较为满意，认为教学大纲的要求比较适合学生。然而，塞尔维亚教育主管部门并没有在全国推广由该孔子学院编写的汉语教学大纲，所以全国出现了各学校教学要求不一致、教材不一致、教材内容缺乏系统性等情况。对中国汉语教师的工作表现，校方都很满意，学生们也很喜欢他们，总的评价是：中国汉语教师重视学生的个性发展，开展特色教学，并且非常有耐心。一位来自斯麦德莱沃帕兰卡的校长在问卷上这样写道："我对中国汉语教师的工作表现不只是满意，还对他们的敬业精神感到由衷的敬佩。虽然中、塞两国的文化不一样，但我们却是心心相连。"

对"是否需要在塞尔维亚推广汉语水平考试（HSK）"这个问题，校长们各持己见。有半数以上的校长认为，应该对学生进行汉语水平考试，因为语言知识考核对提高学生的外语水平有很大帮助，同时国际公认的HSK证书对学生将来出去找工作也有帮助。再者，学校教师也可以通过对学生的考核来评估其教学效果。一位来自尼什的中学校长在问卷上这样写道："孔子学院既然是HSK的授权单位，而HSK证书又是全球认证的汉语水平学习证明，我们没有理由不支持本校学生参加HSK。通过HSK，我们不仅可以评估课堂教学的效果，而且可以通过对比发现学生逐年提高汉语水平的真实情况。"

不过，也有一些校长并不赞同进行任何形式的汉语水平考试。他们认为，这种考试会增加学生的学习负担，HSK不应该是强制性的，应该由学生根据自身的学习状况来选择。

外语教学理论界对"语言测试对外语教学存在反拨效应"①这一观点一直存在争议,我们在调研中也遇到了这一问题。虽然我们并没有针对"反拨效应"进行专门的调查,但塞尔维亚中小学校校长的看法和意见,可能会对有关部门制定汉语政策有一定的参考作用。

语言测试对不同年龄、层次的外语学习者会产生不同的作用——或激发学习者的学习兴趣,或挫伤学习者的学习积极性。总体上看,普通中学(除了技校)的校长都认为,语言测试对语言教学有很大的促进作用,能够帮助学生更好地掌握外语。然而,几乎所有的小学校长都认为,任何形式的考试都会增加学生的学习负担。一位小学校长这样写道:"我认为,应该让孩子们感受学习汉语的乐趣,不要因汉语考试而使他们感受到巨大的学习压力。"

因此,我们给相关部门的建议是:不要强制性地要求各个汉语教学点都参加HSK或YCT。各个孔子学院扮演的角色是:以宣传汉语水平考试为主,让更多的学生了解汉语水平考试,而不要在意考生人数的增长。此外,在塞尔维亚推行HSK的效果比YCT更好,因为HSK与"欧洲共同语言参考标准"(CEFR)的6个等级对应、挂钩,符合塞尔维亚中学外语教学大纲的要求。大学生、中学生和社会人士对语言测试的目的有更加明确的认识,汉语测试对他们的学习有促进作用。

---

① 反拨效应(backwash effect),指在教育领域中测试手段对教师教学和学生学习的影响或作用。

4. 塞尔维亚中小学校在汉语教学中存在的问题

第一，如何处理中、塞教师在教学方式上的差异问题，以便更好地提高汉语教学质量。

学生们常常提及这样一个问题：在课堂互动和课外交流中，学生与中国汉语教师在沟通上存在一些障碍，只能通过英语交流，但这种方式往往存在词不达意的情况。校长们认为，培养会塞语的汉语教师是当务之急。汉语教学（尤其是对小学生的汉语教学）最好能使用塞语来进行，可以考虑由塞尔维亚本土汉语教师和中国汉语教师共同合作的教学模式。在塞尔维亚工作过的中国汉语教师易树老师在谈到中国汉语教师的利弊时这样说道："中国汉语教师都是用英语授课，这会让一部分想学习汉语但又不会英语的学生望而生畏。"[1] 同样，对会英语的学生来说，在自己的国家用英语学习汉语，始终感到有些不方便，并在心理上排斥。更为重要的是，中国汉语教师不了解塞尔维亚的文化，不仅在日常生活上存在不便，而且在教学中也会遇到困难，比如：教师与学生交流、互动不足，也就无从了解学生的性格以及他们学习汉语的兴趣。教师不了解自己的学生，就无法做到因材施教。然而，也有人认为，通过汉语和英语的授课，可以培养学生的学习专注力。先进的外语教学理论倡导"沉浸式教学法"，所以汉语教师应该使用汉语教学，不必通过英语来完成教学任务。不过，如果采用"沉浸式教学法"，这对汉语教师的要求自然就会更高，比如：经过更加专业的汉语教学训练，有

---

[1] 易树：《塞尔维亚汉语文化教学现状研究——以塞尔维亚梅加特伦德大学为例》，重庆大学硕士论文，2015年。

丰富的对外汉语教学经验，掌握先进的外语教学方法等。

  关于中国汉语教师的另一个问题是：任期过短，不利于教学工作的稳定性和连续性。当前，语合中心派出的志愿者任期一般是1年，公派汉语教师的任期一般是2年，教师停留的时间相对较短，流动性比较大。情况往往是这样的：教师刚了解和熟悉了一所学校的教学环境和学生情况，很快又要离任了，这直接影响到校方支持汉语教学工作的积极性，从而影响到汉语教学工作的顺利推进。

  第二，如何组织小学低年级学生的汉语课堂教学，将教学内容与学生的兴趣紧密结合起来。

  校长们建议，应该把以语言教学为重点的汉语课改为中国文化课，将语言教学与中国文化常识的讲解结合起来，学习中国的智慧，了解中、塞两国文化的相通之处，了解当代中国的现状……这对孩子的成长十分有益。来自各个城市的中小学校校长们普遍认为，塞尔维亚的中小学生对汉语的热情越来越高，尤其是一些文化体验活动、竞赛、艺术表演等，很受学生及其家长的欢迎。塞尔维亚大多数教师都意识到，学好汉语对学生的发展大有裨益。当地教师会热情地帮助中国汉语教师更好、更快地融入当地的工作环境，也会积极参加学校组织的宣传中国文化的活动。

  第三，塞尔维亚教育主管部门对"把汉语列入国民教育体系"这一问题不够重视。

  部分校长认为，孔子学院汉语课堂的教学质量很高，汉语应该获得选修课地位，这样既能体现汉语教学的重要性，又能提高学生学习汉语的积极性。还有部分校长认为，应提高汉语兴趣课的地位，鼓励学生培养更广泛的学习兴趣，鼓励学生参加书法、朗诵、武术以及了解中国传统习俗等文化体验活动，能够很好地提高学生的积极性。相关机构应该给学生颁发证书，奖励那些努力学习、取得好成绩的学生。还有部分校长提出，要为上汉语兴趣课的学生的后续学习提供保障。

大部分小学校长认为，根据塞尔维亚小学教育大纲和外语学习政策，学生从小学3—4年级开始学习汉语为宜。汉字学习还可以与学校的绘画课相结合，从而激发他们学习汉字的兴趣。

第四，汉语教学在塞尔维亚面临不少挑战，需要积极应对。

首先，中小学生的学习负担普遍过重，必修课和选修课的课时很多，很难增加汉语兴趣课的课时。加上小学生年龄小，学习主动性不强，所以他们对汉语不够重视。

其次，当地缺乏汉语师资，影响了汉语的"本土化"发展，影响了学生对汉语和中国文化的学习热情。另外，一些偏远的学校基础设施落后，教学条件较差，无法运用现代化的外语教学手段，无法给学生提供更多、更新的信息。

再次，汉语学习难度较大。汉语是一种较为难学的语言，需要开展许多课外文化活动才能激发学生的学习兴趣，而学生对中国文化的了解并不多。部分校长认为，汉语学习是塞尔维亚教育主管部门强加给学生的学习任务，学生容易产生逆反心理，对汉语失去兴趣。

校长们就"如何促进汉语教学"这一问题提出了一些建议。比如，通过电视节目或网络播放宣传汉语知识和中国文化的短片，在学校组织宣传活动，让学生们更多地了解汉语和中国文化。有的校长提出,"塞尔维亚中小学汉语试点项目"的实施,应该有更明确、更有效的组织方式。塞尔维亚教育主管部门应该明确责任,具体分工,在大纲编写、师资分配、教材管理和项目推广等方面,都应该落实到具体的责任部门。他们希望各个孔子学院能够制定扩大教学点的具体规划,明确可以提供的相关支持,如在教材、师资、设备、赴华交流计划等方面给予支持。

一位来自胡姆地区的小学校长表示,汉语教学试点项目能否顺利实施,实质上取决于校长个人的支持力度。同时他呼吁,塞尔维亚教育主管部门应该给学校提供更多的实质性的支持和帮助。根据我们在塞尔维亚长期从事汉语推广工作的经验,在中小学校推广汉语并使汉语成为第二外语,其发力点应该在解决教学"软件"的问题上。我们今后工作的一个重点就是如何加强与校方的联络,得到他们的支持,由学校向上级教育主管单位积极申请,让汉语成为第二外语。同时,我们也应该积极争取塞尔维亚地方政府更大力度的支持。在帮助解决本土汉语教师的就业岗位问题方面,我们需要教育主管部门的大力支持。至于一些校长反映的"硬件"落后等问题,我们认为这并不是汉语推广的最大障碍。我们相信,在语合中心的大力支持下,教学设施等物质条件上的困难能够得到解决。

(三)塞尔维亚的汉语学习者及教学情况

为了更好地了解汉语课堂的人员构成、教学效果和使用教材等情况，我们分别对在塞尔维亚的本土汉语教师和中国汉语教师进行了问卷调查。问卷含14个客观题和8个主观题。我们共发放问卷40份，收回问卷37份，有效问卷37份。我们对汉语学习者的人员构成、教学对象、汉语课程类型、教学条件、汉语课时评估、汉语师资和汉语教材等情况进行了调研分析。

1. 汉语学习者的人员构成情况

塞尔维亚汉语学习者的人员构成情况如图4.1所示。

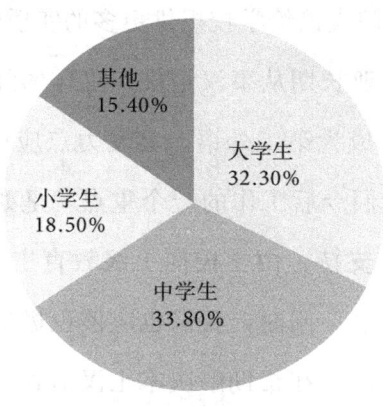

图4.1　塞尔维亚汉语学习者的人员构成情况

从学习者的人员构成来看，目前塞尔维亚的汉语学习者有小学生、中学生、大学生以及社会各类人员，形成了较为均衡、稳定的汉语学习队伍。

此外，在塞尔维亚的汉语教师队伍中，有60%的汉语教师承担着中学教学任务，承担小学阶段教学任务的汉语教师占57%，32%的教师承担着大学阶段汉语专业的教学任务。贝尔格莱德大学语言学院的汉语专业以培养高层次汉语研究型人才为目标,该学院是塞尔维亚汉语专业人才的培养基地。

2. 汉语课程类型

塞尔维亚现有的汉语课程类型(包括必修课、选修课和兴趣课)占比情况如图4.2所示。

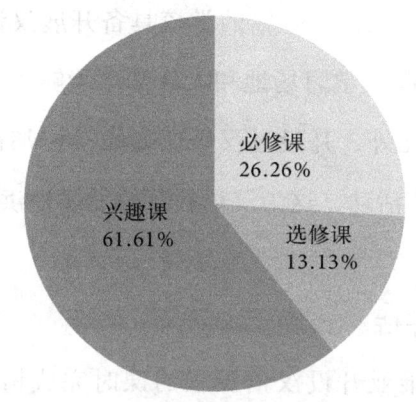

图4.2　塞尔维亚现有的汉语课程类型占比情况

塞尔维亚现有的汉语课程设置主要包括三种类型,即必修课、选修课和兴趣课。如上图所示,兴趣课占61.61%,分布在幼儿园、大、中、小学校以及各个孔子学院的汉语成人班里,主要为学生讲授汉语知识,介绍中国文化,以提高学生对汉语的学习兴趣为目的。选修课占13.13%,汉语作为学分课,供非汉语专业的大学生选择。这为学生提供了一个学习汉语、体验中国文化的平台,并鼓励学生参加汉语水平考试,从而有机会争取到奖学金,到中国继续深造。必修课占26.26%,主要分布在贝尔格莱德和卡洛瓦茨的两所语言中学的汉语班（汉语为第一外语）以及贝尔格莱德大学语言学院（汉语为专业课）。这三所学校每学期以考试的形式来考查学生的汉语学习情况，学生通过测试后可获得相应的学分。

3. 教学条件

多年来，塞尔维亚教育相关部门努力改善学校的教学条件，提高教学质量。据统计，97%的学校具备开展汉语教学所需的场地（如教室）。因此，学习场地和人数基本能够为正常的课堂教学活动提供保障。此外，开设过汉语课程的学校都很支持汉语教学及中国文化的推广活动，这为汉语教育的发展提供了基础。

4. 汉语课时评估

我们对塞尔维亚开设汉语课程的课时完成情况进行了调查，调查情况如图4.3所示。

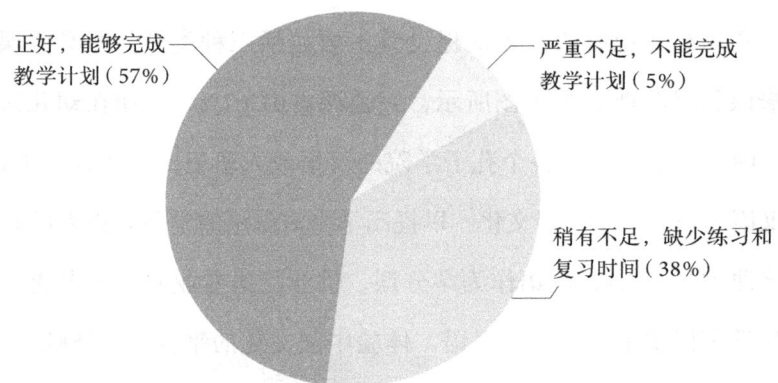

图4.3 塞尔维亚开设汉语课程的课时完成情况

由上图可知，57%的人认为，课时数正好，能够完成教学计划；38%的人认为，课时稍有不足，缺少练习和复习时间，所以应不断调整课时计划，以适应课程发展的需要；只有5%的人认为，课时严重不足，不能顺利完成教学计划。

5.汉语师资情况

塞尔维亚现有各类汉语教师的比例如图4.4所示。

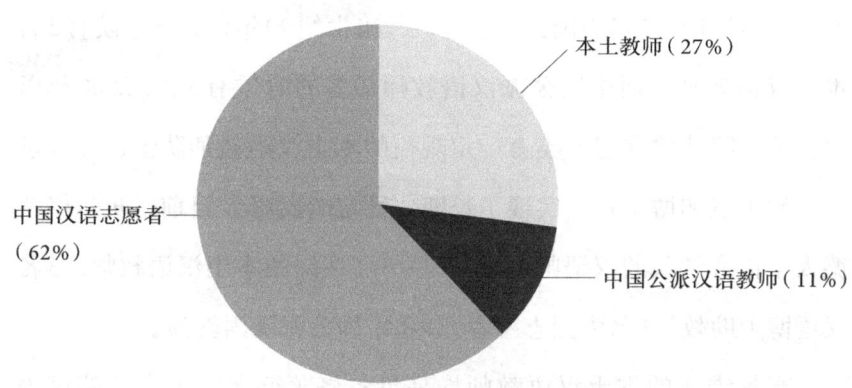

图4.4 塞尔维亚现有各类汉语教师的比例

目前，塞尔维亚的汉语教师分为三类人员：中国汉语志愿者、本土汉语教师和中国公派汉语教师。其中，中国汉语志愿者所占比例最大，本土汉语教师其次，中国公派汉语教师最少，三者的基本比例是6:3:1。塞尔维亚正式设岗的本土汉语教师，主要集中在贝尔格莱德和诺维萨德两个城市的高等院校和语言中学。目前，三类教师群体相互配合，各自发挥着文化活动与指导、课堂组织与教学、教学管理与科研等方面的优势，实现了良好的教学效果。

然而，从塞尔维亚汉语教学和汉学研究的可持续性发展角度来看，塞尔维亚教育主管部门需要加强对本土汉语教师的培养，实现汉语教师"最优结构比"，即："本土汉语教师：中国汉语志愿者：中国公派教师 = 6:2:1"。这个"最优结构比"是根据贝尔格莱德大学语言学院汉语专业教师长期的教学管理经验总结得出的。贝尔格莱德大学语言学院的汉语专业在发展初期（20世纪70年代）只有1名本土汉语教师，2名中国公派教师；到20世纪90年代，该学院有2名本土汉语教师，而中国公派汉语教师最多的时候有5名；2000年以后，该学院才建立起一支有一定规模的本土汉语教师队伍，并且设立了硕士点和博士点，实现了长期、稳定的发展。目前，贝尔格莱德大学语言学院的汉语师资情况是：6名在岗的本土汉语教师，3名汉语博士助教，1名中国志愿者，1名中国公派汉语教师。

塞尔维亚的本土汉语教师均是贝尔格莱德大学语言学院汉语专业的毕业生。根据塞尔维亚有关法律规定，语言学院外语专业的本科毕业生，均有在全国中小学校担任外语教师的资格。能在语言学院留校担任助教的，往往都是学习成绩优异、科研能力强、有独立工作能力且具有在华留学经历的优秀毕业生。自2013年起，塞尔维亚因财政紧缩，不得不压缩教育系统的人员编制。因此，在今后的四五年里，扩大汉语教师岗位，或在孔子学院设立全职汉语教师岗位的可能性不大。以贝尔格莱德大学孔子学院为例，语合中心推出了"培养核心汉语教师"的计划，并没有得到贝尔格莱德大学的支持。从另一方面考虑，贝尔格莱德大学本身就有汉语专业，已有6个本土汉语教师岗位，向塞尔维亚教育主管部门申请增设新的汉语教师岗位确实存在实际困难。

不是外语专业的本科毕业生，几乎不可能在塞尔维亚的中小学校当外语教师，这里存在专业是否对口的问题。塞尔维亚教育主管部门不设教师资格考试，只要专业对口，外语专业的本科毕业生就可以成为中小学校的教师。这种情况与中国以前的大学毕业生"包分配"的方式有些相似，比如：中文系的毕业生可以直接分配到中小学当语文教师，英语专业的毕业生可以当中小学英语教师。在塞尔维亚，在当地的汉语教师队伍中，兼职教师较多，其中大多数汉语教师都是当地翻译协会的成员，部分汉语教师也在私立外语学校兼职，或担任家庭教师。

由于塞尔维亚中小学教师的待遇不是很好，汉语专业的学生毕业后很少从事教育教学工作。近年来，大型中资企业进驻塞尔维亚，对高级翻译人才的需求大大增加，有不少汉语专业的毕业生被企业高薪聘走。这对塞尔维亚汉语教师队伍的稳定与培养造成了一定的影响。另外，汉语专业的毕业生要成为一名合格的汉语教师，还需要经过系统的教育理论、教育心理学、汉语课堂教学等方面的专业培训，需要经过长期的教学实践，从而积累一定的教学经验。

6. 汉语教材评估

（1）塞尔维亚汉语教材的使用情况

中小学汉语课堂上的常用教材是《汉语乐园》（英文版）、《快乐汉语》和《跟我学汉语》等，这些都是由中国出版社出版的对外汉语教材。

在高校，汉语课堂上的常用教材是《当代中文》《体验汉语》和《汉语教程》。其中，前两种教材是由中国出版社出版的对外汉语教材，最后一种教材属于贝尔格莱德大学语言学院汉语教师编写的本土汉语教材。

社会成人班的常用教材是《当代中文》《汉语会话301句》和《新实用汉语课本》，这三种教材都是中国出版社出版的对外汉语教材。

（2）教材评价

被访的汉语教师对教材的使用情况给予了评价，统计结果如图4.5所示。

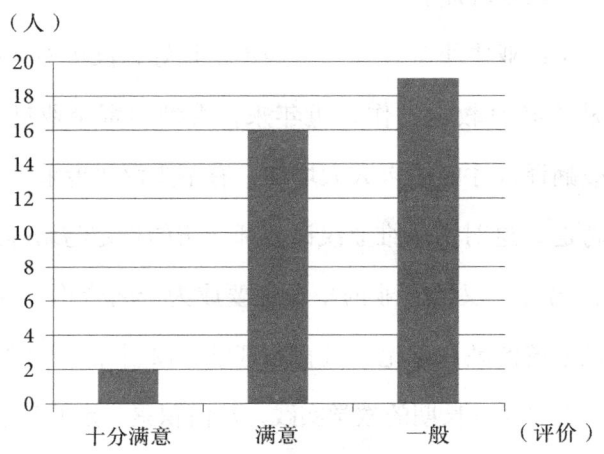

图4.5　被访汉语教师对教材使用情况的评价

目前，塞尔维亚汉语教师对正在使用的汉语教材评价多为"一般"和"满意"，其优势与不足总结如下：

①优势方面

目前，学校使用的教材较好地满足了处于各阶段的汉语学习者的需要。汉语学习者的类型主要包括小学生、中学生、大学生等。总体而言，目前使用的教材有一定的针对性，比较适合当前的汉语教学对象。教材分为初级、中级和高级三个阶段，并且大多数教材配有相应的教师用书、练习册以及其他教学材料。

从教材内容上看，不同的教材能够适用不同的教学对象。以《快乐汉语》和《当代中文》为例，《快乐汉语》与学生的生活联系比较紧密，所以该套教材以功能性话题为主，每个单元围绕一个话题展开，能够引发学生的学习兴趣。《当代中文》分为单词、课文、语法三个部分，以语法结构为纲，系统性较强。配套练习册的内容比较丰富，适合成年人学习。

②不足及建议

第一，中国文化知识板块的内容较少，趣味性不强。大多数老师和学生反映，教材当中的中国文化知识板块的内容比较少，应该有所增加，使之丰富、有趣。特别是对上汉语兴趣课的中小学生来说，他们对文化内容比较丰富的语言知识点更感兴趣，印象也会更深刻。而且，对6—14岁的孩子来说，文化知识板块的内容能加深他们对汉语和中国文化的认识，从而提升学习兴趣。在大学生和其他成人的语言学习中，中国哲学、中国历史、中国艺术等方面的内容也深深地吸引着他们。统计数据显示，有相当一部分学习者的学习动机就是希望能够更好地了解中国文化。对于年龄较小的学习者，可以增加操作性较强的文化体验课内容，如剪纸、书法、成语故事、传统节日等内容。

第二，汉字方面的学习内容比较薄弱。目前，汉语教材中介绍汉字的内容极少。汉字是汉语最独特、最吸引人的地方之一，虽然拼音是学习汉语的入门工具，但要深入学习汉语，汉字是不可回避的重要学习内容。对中小学生来说，只有在学习之初养成良好的汉字书写习惯，汉语学习之路才能走得更远。然而，在目前使用的汉语教材中，学习汉字的内容所占比重很少，而且内容不够生动，不能激发学生的学习兴趣。

第三，配套练习不足。学习语言离不开反复操练，但在中小学校使用的教材中，练习的题型和内容都比较少，并且缺少母语注释，直接影响到学生的练习效果。

第四，课文内容缺乏连贯性。现有的中小学的汉语教材突出了语言的功能性，但对课文内容的连贯性不够重视。比如《快乐汉语》第一册第九课，已经出现了"房间""厨房""海鲜""面条"等生词，而"年""月""日"等更常用的词汇在此之前并没有专门提到，所以词汇的学习顺序应该有所调整。

第五，缺乏高层次的专业类汉语教材。从汉语高级班、商务汉语班的教学情况看，教材不足的情况更为严重，尤其缺乏商务汉语教材和高级口语教材。因此，我们建议相关部门组织编写内容较新的专业类汉语教材。

（四）塞尔维亚中等职业学校和幼儿园的汉语教学情况

根据我们的调查结果，塞尔维亚开展汉语教学的中等职业学校只有两所，一所是尼什的化妆美容学校，另一所是莱斯科瓦茨的中等技术学校。这两所学校都是参加"塞尔维亚中小学汉语教学试点项目"的学校。此外，有两所大学的孔子学院在两所幼儿园开设了汉语兴趣课。

根据塞尔维亚教育主管部门颁布的《中等学校教学大纲》，中等职业学校的外语课设置要求要比普通中学低一些。一般工科技校只开设一门外语课（大多数学校都开设英语课），学制两年。一些文科类学校（如商贸类、旅游类学校）根据专业的需要，会增设一门外语课，或设置两门外语必修课，学制随专业的需要分别设为两年、三年或四年。在这些文科类职业学校中，增设汉语选修课或兴趣课存在一定的可能性。

近年来，不少塞尔维亚的学生家长已经意识到，学习汉语会有广阔的发展前景，所以他们希望自己的孩子能够从小学习汉语。一些条件较好的私立幼儿教育机构的幼儿家长，学习汉语的意识更为强烈。一些私立的双语幼儿教育机构对汉语也有一定的需求。预计在今后的几年里，会有越来越多的幼儿园为孩子们开设汉语兴趣课。各所大学的孔子学院应该看到这种不断增长的需求，努力培养教学能力强、心理素质好的本土幼儿汉语教师。

第三节
对塞尔维亚汉语学习者的学习心理调查

（一）汉语学习者对汉语的兴趣

根据调查可知，塞尔维亚汉语学习者对汉语的兴趣越来越浓厚，这离不开汉语教师们的辛勤付出，也得益于"中国文化节""中国电影周"等文化活动的大力开展。汉语不仅进入了塞尔维亚的学生课堂，而且慢慢融入当地的市民生活。

（二）教师对汉语学习者的学习能力评价

塞尔维亚教师对汉语学习者学习能力的评价如图4.6所示。

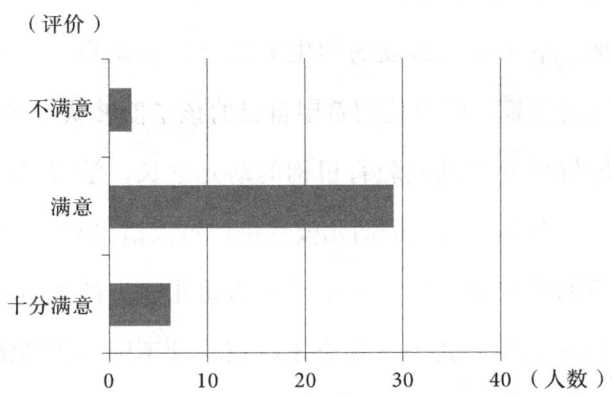

图4.6 塞尔维亚教师对学习者学习能力的评价

对塞尔维亚学生而言，汉语是一门来自东方的古老而神秘的语言，也是一门与母语系统完全不同的语言。但事实上，汉语并非想象中那么晦涩、难懂。调查结果显示，绝大多数老师对所教学生的汉语学习能力表示满意。

（三）汉语学习者的学习动机

我们对塞尔维亚汉语学习者的学习动机进行了调查，调查统计结果如图4.7所示。

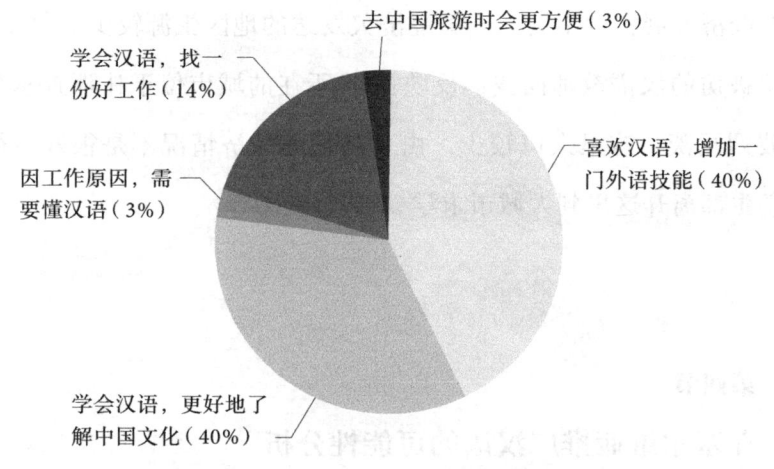

图4.7　塞尔维亚汉语学习者的学习动机

塞尔维亚学生学习汉语最主要的目的是为了增加一门外语技能，并能更好地了解中国文化。只有一部分人是因为工作需要，或是为了能够找到一份更好的工作。

学习动机直接影响到学习者的积极性。可能是因为没有实际利益的捆绑，一切因兴趣而起，而一切又会因兴趣减弱而使学习者"打退堂鼓"。塞尔维亚学生对汉语的学习热情缺乏持续性,这是汉语教学的一大障碍。学生选择上汉语课是因为对汉语有兴趣,学习结果并不与学分或升学考试挂钩,因此,一部分学生对参加汉语考试抱着无所谓的态度,仅有少数学生会积极准备并参加汉语考试。随着学习难度的加大,学生可能会失去学习热情,这种现象在中小学生当中尤其严重。目前,能够做到"学以致用"的人很少。正如一位被访对象所说:"他们并没有明确自己的职业生涯,所以学习动力不足,能坚持下来的学生很少。"此外,不同地区的经济发展程度不同,一些经济欠发达的地区生源较少。例如,一位被访的汉语教师向我们反映:"我所在的城市位于札那查尔州的波列瓦茨,这里人口较少,由于当地的经济情况不是很好,很多学生都离开这里到大城市求学。"

第四节
在塞尔维亚推广汉语的可能性分析[①]

(一)塞尔维亚推广汉语的有利条件

1. 两国良好的关系是汉语需求不断扩大的外部动力

塞尔维亚自南联邦时期开始,就与中国建立了友好合作关系。

[①] 笔者在此衷心感谢贝尔格莱德孔子学院院长普西奇教授、中国公派汉语教师金艳及中国驻塞尔维亚大使馆文教处孙新泉教授,他们对本节内容提供了宝贵的建议。

塞尔维亚人民对中国人民有着深厚的感情，对中国传统文化也充满向往。2016年，中、塞两国建立了全面战略合作伙伴关系，在政治、经济、教育、文化、体育等领域的合作越来越深入。在"一路一带"倡议下，中国—中东欧国家合作机制正式启动，中国与塞尔维亚在各个领域的合作更加紧密，民间交往更加频繁，这些都为汉语教育与中国文化的推广营造了良好的外部环境，成为汉语学习和服务需求不断扩大的外因。因此，从整体上看，汉语教育会继续以贝尔格莱德、诺维萨德、尼什等大城市为中心，慢慢辐射到周边地区。

2. 政府的支持成为汉语教育发展的强大助力

根据2012年中、塞两国政府共同签署的文件，"塞尔维亚中小学汉语教学试点项目"正式启动，现已成为两国教育主管部门长期合作的项目。在塞方提供的《中塞2014—2018年教育合作计划》草案中，在相关条款中表述了"在塞尔维亚共和国的中小学校开设汉语选修课作为指定要求"。①两国政府的共同努力为汉语教育在塞尔维亚全国中小学校的推广提供了保障。从调研结果来看，塞尔维亚的一些汉语教学点已将汉语设置成选修课程，而且大部分合作学校的校长都非常支持汉语教学的工作。这些因素都成为塞尔维亚汉语教育发展的强大助力。

---

① 《中国与塞尔维亚教育合作与交流简况》，中华人民共和国教育部，http://www.moe.gov.cn/s78/A20/s3117/moe_853/201005/t20100511_8743.html，访问日期：2020年2月5日。

3. 塞尔维亚的汉语教学传统是汉语推广的坚实基础

塞尔维亚的汉语教学历史悠久，贝尔格莱德大学语言学院开设汉语专业的历史长达40多年。此外，尼什大学、诺维萨德大学、辛吉度姆大学、约翰·奈斯比特大学等都开设了汉语选修课或兴趣课。因此，塞尔维亚拥有一定数量并接受过高等教育的汉语教师和汉语学习者。

2006年3月，贝尔格莱德大学孔子学院正式建立。2014年5月，诺维萨德大学孔子学院正式建立。这两所孔子学院为塞尔维亚的中小学生和社会各界人士提供了学习汉语的良好机会。此外，还有一些民间文化团体和教学机构（如"东方之家"、塞尔维亚武术协会等）为汉语教育与中国文化的推广搭建了各种平台。这些平台既满足了人们不同层次的汉语学习需求，又打下了广泛的民众基础。

4. 政府项目与孔子学院的汉语推广项目形成合力，使汉语教学工作大跨步向前推进

目前，贝尔格莱德大学孔子学院和诺维萨德大学孔子学院的汉语教学点主要集中在学院所在的城市和地区，而在中、塞两国教育主管部门的合作计划中，要将汉语进一步推向塞尔维亚全国的中小城市。这样做，可以满足塞尔维亚不同群体、不同层级、不同地区的汉语学习需求。目前，贝尔格莱德大学孔子学院在三个城市设立了19个教学点。其中，大学教学点有3个，中小学校的教学点有13个，幼儿园的教学点有3个。诺维萨德大学孔子学院有8个教学点，其中大学教学点共有1个，社区教学点有1个，中小学校和幼儿园的教学点有6个。通过"塞尔维亚中小学汉语教学试点项目",中国驻塞尔维亚大使馆文教处在塞尔维亚的十几个城市和地区的46所中小学校开展了汉语教学和中国文化推广活动。总之,这些分工和合作很好地满足了塞尔维亚多个地区的汉语教育及服务需求。

5. 中外汉语教师队伍为汉语教学工作的开展提供了保障

塞尔维亚有悠久的汉语教学历史,并培养了一大批汉语教育工作人员,这些人成为塞尔维亚汉语教育的重要师资力量。另外,中国公派汉语教师、志愿者与塞尔维亚本土汉语教师共同组成一支强大的汉语教师队伍,为汉语教学工作的开展提供了重要的师资保障。本土汉语教师和中国公派的汉语教师及志愿者共同承担汉语教学任务,在实际教学中产生了良好的教学效果,这种组合深受学生们的欢迎。

6. 众多的汉语学习者成为汉语推广的民众基础

塞尔维亚的汉语教育覆盖了包括首都贝尔格莱德在内的十几个城市和地区,涵盖了各个不同年龄段的学习者,因此,塞尔维亚不仅有较为稳定的汉语学习队伍,而且幼儿园、小学的汉语教学为后续的汉语学习提供了生源保障。正如一个被访者所言:"中国文化推广活动吸引了学生家长,家长感兴趣了,才会把孩子送来学习汉语,将来才会有持续增长的汉语学习人群。"塞尔维亚已经拥有一定数量中国文化爱好者和汉语学习者,他们当中有很多人都是因为对中国文化充满热爱而选择汉语的。

（二）塞尔维亚汉语推广的策略

关于塞尔维亚汉语推广的宏观策略问题，我们咨询了相关人员，其中包括：在塞尔维亚长期从事汉语教育工作的中国大使馆教育官员，塞尔维亚的资深汉学家，塞尔维亚教育主管部门的官员，塞尔维亚中小学教师协会的重要代表等。各方意见和建议可以归纳为以下几个方面：

第一，以"大"带"小"。

也就是说，以各个高校的孔子学院为主导，以高校为核心，带动塞尔维亚中小学校的汉语教学发展。塞尔维亚已经开设了汉语课程的机构有：2所孔子学院，6所大学，60多所中小学校和若干个幼儿园。学生年龄从五六岁到几十岁不等，各个年龄段的人都有学习汉语的需求。因此，被访者建议：要以贝尔格莱德大学的汉语专业为基础，培养汉学研究人员和汉语教学师资，为塞尔维亚汉语教育和汉学研究的可持续性发展培养人才；孔子学院给汉语教师提供教育和培训的机会，为中小学校汉语教学的发展培养高质量的师资人才；以孔子学院和孔子课堂为平台，带动中小学校的汉语教学，组织更多的全国性的汉语知识竞赛、图片巡回展、汉语夏令营等活动，提高学生的学习兴趣。

第二，团结各方力量，与当地媒体合作，多渠道宣传、推广汉语和中国文化。

汉语及中国文化的宣传和推广离不开互联网、电视等媒体，所以要让更多的受众（尤其是年轻人）通过媒体接触和了解汉语和中国文化。在这方面，孔子学院已经做了很大的努力，孔子学院组织的一些文化活动在当地媒体上常有报道，由此扩大了中国文化在当地的影响力。但是，在更高的层面上，需要整合中国各相关部门的力量和资源，与当地媒体保持良好沟通。要与塞尔维亚电视台建立合作关系，增加介绍汉语和中国文化的电视专题节目，播放中国优秀的电影、电视剧等，让更多的人关注中国。举例来说，之前在塞尔维亚掀起的"西班牙语热"，在很大程度上是通过西班牙的"肥皂剧"来推动的，连市井大妈都会说一些简单的西班牙语，而西班牙语正是借着这股民间的力量进入了塞尔维亚的中小学校课堂。

第三，加强区域合作，尤其需要加强与地方教育主管部门及校方的合作。

因为塞尔维亚中央与地方存在一些沟通不畅的问题，而且地方教育主管部门及学校的自主性较强，所以我们有必要加强与地方教育主管部门以及各个学校的合作，借助地方教育主管部门的影响力以及校长们的社会资源，一起宣传、推广汉语和中国文化。已开展汉语教学活动的各个高校和中小学校，可以组织一些区域联动性较强的文化活动或汉语知识竞赛，从而提高品牌项目的知名度，引领更多的学校开设汉语课程，激发学生的学习热情。

同时，中国汉语教师需要投入更大的精力，做好与校方的沟通、联系工作。在建立良好的工作沟通渠道的同时，中国汉语教师需要扮演"文化亲善大使"的角色。有时候，中国汉语教师的个人魅力是汉语教学在一所学校能否取得成功的关键。

另外，需要借助地方教育主管部门的力量，让汉语课成为第二外语选修课，顺利进入中小学校的外语课程设置的名单里。此外，还要培养一些"明星学校""示范学校"等，集中优势，重点发展学生资源比较好、学校配合程度高的教学单位，从而产生联动效应。

与此同时，语合中心应该在塞尔维亚继续加大对汉语教学和中国文化推广方面的投入，包括师资、汉语教材、音像制品、教学设施等。

第四，加强与中国驻塞尔维亚大使馆的沟通与联系，通过中国文化活动催生"汉语热"。

孔子学院要与中国使馆合作，通过电影、文化演出等交流形式，引导当地人更好地了解中国。通过学习汉语来了解中国文化，通过中国文化来培养他们学习汉语的兴趣，二者相互促进。

第五，加强本土汉语教师队伍的建设和中国汉语教师的培养。

汉语教师队伍建设的意义十分重大，但也是一项周期较长、投入较多的工程，而且在很大程度上取决于塞尔维亚教育主管部门的决心和力度。近年来，塞尔维亚存在教育经费缩水、教师岗位缩减等实际问题，但塞尔维亚也希望中国有更大的举措，能与塞尔维亚地方政府部门合作，在汉语学习人数较多的地区增设汉语教师岗位。

另外，还要加强对在职汉语教师的培训，完善本土汉语教师在职培训机制，比如：定期举办汉语教学研讨会，增加本土汉语教师与中国汉语教师之间交流教学经验的机会，为本土汉语教师提供去中国培训的机会，提供开展相关汉语教育和汉学研究的经费等。此外，要建立稳定的中国汉语教师队伍志愿者的奖励机制，鼓励志愿者留在塞尔维亚任教，并为他们提供学习塞语的机会。

第六，进一步明确教学目标，细化课程内容。

塞尔维亚的汉语教育辐射范围较广，但汉语学习者在年龄、受教育程度和学习动机等方面存在诸多差异，因此，我们有必要进一步明确教学目标，细化课程内容。比如，学龄前儿童和低年级学生的汉语学习要以兴趣为主，所以在课堂内容和教学方法上都应该突出趣味性和活动性。对中学生而言，可以适当增加中国文化方面的内容，多鼓励学生参加汉语水平考试和汉语知识竞赛；对大学生汉语课程的安排，则应该多考虑他们今后工作和专业的需要，培养他们的汉语实际运用能力。对于商务汉语、高级翻译等课程，除了增加专业词汇，应该增加关于中国社会、中国经济、中国法律等方面的知识内容。对社会人士来说，汉语课应该成为当地民众了解中国的窗口，为学员支持汉语教学和中国文化的推广奠定民意基础。

第七，协调经贸协会、中资企业等，给学生创建汉语实践平台。

孔子学院可以邀请中资企业代表来高校或中小学校进行相关专题的讲座，举办企业论坛等，在宣传企业文化的同时可以"招贤纳士"，为企业发展储备汉语人才。在解决当地民众就业的同时，也能带动汉语教学和中国文化的推广工作。

第五节
塞尔维亚中资企业和本地企业的汉语服务需求

（一）塞尔维亚与中国经贸往来的总体情况

塞尔维亚与中国是传统的友好国家，两国人民一直保持着深厚的友谊。近年来，两国在政治、人文、经贸等方面的交往与发展进一步加强。2016年，习近平主席对塞尔维亚进行了访问，两国关系提升为"全面战略合作伙伴关系"，为两国深化各领域的合作打下了坚实的基础。塞尔维亚积极支持中国提出的"一带一路"倡议。塞尔维亚因其优越的地理位置，成为"一带一路"上的重要节点。在"一带一路"合作框架下，两国在各领域的务实合作取得了极大进展，在基础设施建设、交通运输等方面的合作成果尤为突出。自2011年起，通过能源、公路、桥梁等重大项目合作，大型中资企业开始进驻塞尔维亚，它们当中有河北钢铁集团公司、中国路桥工程有限责任公司、山东高速集团有限公司、华为技术有限公司子公司、中国水利水电建设股份有限公司。目前，中国在塞尔维亚的投资建设项目总规模超过了100亿美元。因此，塞尔维亚成为"一带一路"沿线各个国家当中中国投资总额最大的国家之一。在这样的大环境下，塞尔维亚企业和中资企业对高级汉语翻译人才的需求也在不断扩大。

(二)中资企业和塞尔维亚本地企业的汉语服务需求

我们对塞尔维亚的中资企业以及有对华业务往来的塞尔维亚本地企业,就其汉语人才需求情况进行了调研。目前,在塞尔维亚设立公司或办事处并且具有一定规模的中资企业有十几家,主要是钢铁、电子、能源和建筑等领域的知名企业。在这些中资企业中,除了河北钢铁集团、华为技术有限公司等单位在塞尔维亚有直接投资外,其他大部分企业都属于工程承包商。由于各企业在塞尔维亚的公司业务范围和市场目标不同,所以它们对汉语的服务需求也不同。我们委托贝尔格莱德工商协会协助完成了对塞尔维亚本地企业关于汉语人才需求的调查。贝尔格莱德工商协会是塞尔维亚历史非常悠久的工商协会,有150多年的发展历程,现有会员3.9万多家。因此,由贝尔格莱德工商协会协助完成的调查,其信息和数据具有一定的可信度和代表性。下面我们陈述调查结果,并提出相关建议。

我们先看中国的工程承包公司对汉语人才及汉语培训需求的情况。被调查的两家公司分别是山东高速集团有限公司塞尔维亚分公司和中国路桥工程责任有限公司塞尔维亚分公司。调查结果显示,驻塞尔维亚的中资企业和塞尔维亚本地企业的员工都没有进行过汉语培训。这些企业属于劳动密集型企业,在塞尔维亚主要承包电站、桥梁和公路等基础设施建设项目,由中国劳务公司输出的中国工人成为主要劳动力。公司高管一般用英语或汉语与合作方进行沟通和交流,所以公司目前还没有开设汉语培训班的需求。在日常工作中，如果需要汉语，一般由公司聘请汉语翻译来完成。

在塞尔维亚直接投资的企业，因为行业不同，对汉语的需求也就不同。以华为技术有限公司塞尔维亚子公司为例，该公司经营的业务属于知识密集型的电子产业，大部分高级主管是中方人员，大部分塞尔维亚雇员属于电子工程师和市场营销人员，他们的英语水平较高。因此，该公司的主要工作语言是英语，很少用到汉语。该公司今后也没有为当地员工举办汉语培训的需求。河北钢铁集团在收购了塞尔维亚斯梅代雷沃钢厂后成立了河北钢铁集团塞尔维亚分公司（简称"河钢塞钢"），公司的5000多名当地员工因工作、赴华学习和培训等需要，对汉语有很大需求。在"河钢塞钢"正式成立后的两年里（2017年和2018年），贝尔格莱德大学孔子学院曾为该公司的塞籍员工举办了好几期的商务汉语培训班，参加汉语培训的员工超过500人。

我们再看与中国有业务来往的塞尔维亚本地企业的情况。这些企业主要是与中国开展贸易的企业。塞方企业普遍认为，随着英语在中国的普及，塞方人员与中方人员的沟通也越来越顺利。几乎所有塞方企业人员都认为，没有必要参加汉语培训，主要原因有两个：一是时间安排上有困难，二是资金不足。

随着中国与巴尔干地区的合作越来越密切，彼此的依存度越来越高，对汉语的服务需求主要体现在对高级翻译人才的需求上。被访者的建议主要集中在以下三点：

第一，应该多开设"商务汉语""汉语翻译"等课程，培养汉语高级翻译人才，在教学内容上增加贸易、商务、谈判、工作交流等方面的内容。

第二，注重复合型人才的培养，即加强"汉语+专业"的复合型人才培养。既懂汉语又懂专业的复合型人才更受市场欢迎。

第三，能为塞尔维亚年轻的企业人员提供去中国参加各类汉语研修班和实习的机会。他们在学习汉语的同时，能够加深对中国的了解。

第六节
塞尔维亚汉学家及其服务需求

对塞尔维亚汉学家的调研工作，主要围绕以下四个方面展开：第一，收集塞尔维亚汉学家的基本信息；第二，了解汉学家从事的主要研究领域及其成果；第三，这些汉学家与孔子学院、中国教育或科研机构的合作情况；第四，这些汉学家在今后研究工作中希望得到哪方面的帮助和支持。

我们调查的对象是塞尔维亚的汉学家，即汉学研究人员，包括在塞尔维亚工作并拥有汉学博士学位的人员，或者正在攻读博士学位的从事汉语教学和研究的人员。根据调查结果，目前在塞尔维亚共有11位汉学家，主要从事汉语教育、中国文学、中国文化等领域的研究。他们当中有6人获得博士学位，5人获得硕士学位，并且这5个人当中有2人正在攻读博士学位。

塞尔维亚汉学家最集中的单位是贝尔格莱德大学语言学院，共有9人，其中包括：教授1人，讲师3人，高级语言讲师1人，助教3人，还有1名在读博士生。另外两位汉学家在贝尔格莱德的两所私立大学工作，其中一人是辛吉度姆大学的汉语讲师，另一人在约翰·奈斯比特大学中国中心担任秘书。这11位汉学家都在或曾在贝尔格莱德大学孔子学院当过汉语教师，其中有多名汉学家为孔子学院举办过各类讲座，或参加过语合中心举办的国际汉语教师培训，或参加过布达佩斯大学孔子学院举办的汉语教师培训。

此外，这11位汉学家都有在中国留学、进修、访学等方面的经历。有的汉学家曾多次在中国的大学进修过，或进行过学术访问。其中，有7人获得了中国教育机构颁发的汉语（中文）硕士或博士学位证书。目前，在这11位汉学家中，有的又因多年的汉学研究经历和丰富的科研成果，参加过与中国大学或科研机构共同合作的项目。

在调查问卷中，塞尔维亚汉学家希望得到更多的支持，并提出了以下建议：希望提供项目研究经费和资料；获得访学机会；资助出版学术专著或译著。另外，在访谈中他们均提到，与中国同行进行学术交流，对提高汉学研究和教学质量非常关键，并建议共同开展以下工作：国际合作，学术研讨，专业培训，博士后培养，教师进修，教师和学生交换，文化交流活动等。

塞尔维亚政府给汉学家提供的科研经费十分有限，如果有中国机构的共同参与，就能够提升科研项目的水平。因此，共同开展上述工作对塞尔维亚的汉学研究具有重要意义。汉学家们还希望通过"新汉学计划"①每年能够获得固定的经费支持，同时希望与中国更多的研究机构合作，共同开拓新的研究领域。

第七节
汉语教育在中塞全面合作中的作用

汉语教育在塞尔维亚应该如何准确定位，更好地服务于"一带一路"建设？为了回答这个问题，我们走访了中国驻塞尔维亚大使馆的教育官员、两所大学孔子学院的外方院长、塞尔维亚商贸机构的负责人等，并将相关建议归纳如下：

第一，以孔子学院和汉语课堂为依托的汉语教学，能够加强两国教育机构之间的合作。塞尔维亚教育界人士也希望通过学习汉语这一手段学习到中国尊师重道的传统文化。他们看到中国学生在PISA②测评中不断取得优异成绩，希望与中方合作，学习中国的教学模式，交流教学经验。教育和文化的交流，可以促进民心相通，而民心相通是"一带一路"建设的社会根基和民意基础。

第二，开展汉语教学对塞尔维亚本土汉语教师的培养起促进作用。汉语教学的发展最终要依赖本塞尔维亚土汉语教师力量才

---

① "新汉学计划"由语合中心设立，旨在帮助世界各国青年深入了解中国和中国文化，繁荣汉学研究，促进孔子学院可持续发展，增进中国与各国人民之间的友好关系。"新汉学计划"支持汉学及中国研究等专业领域的博士生培养、来华专题研修、设立教席等项目，合作开展国际学术研讨会，推动相关领域著作翻译和出版，促进学者交流与合作。
② PISA是指国际学生评估项目，是经济合作与发展组织（OECD）开展的学生阅读、数学、科学能力评价研究项目。该项目从2000年开始，每三年进行一次测评。

能真正落地生根，持续发展。汉语教学的开展必将满足本土汉语教师的需求，从而刺激和推动当地高校汉语专业的建设，进而推动汉学研究的发展。"十年树木，百年树人"，汉语在塞尔维亚的普及不是一朝一夕的事情，所以我们要把汉语教育的推广工作当成一项长期的事业来做。孔子学院在这一过程中扮演着十分重要的角色：一方面，要与当地的高校进行合作，帮助其建立、完善汉语专业，培养汉语人才；另一方面，要走进中小学校，建立汉语课堂，通过中小学校的汉语教学，培养越来越多的汉语爱好者和中国文化的支持者，使汉语教学和中国文化在当地得到持久、稳定的发展。

第三，要有超前意识，为社会发展培养各级各类汉语人才。要加强校企合作，培养高级汉语翻译人才；要针对不同的业务类型开设不同的汉语课程，同时为汉语专业的学生拓宽社会实践途径，为他们提供更多的实习或就业机会。

主要参考文献

［1］陈至立:《对外汉语推广和中外文化交流的成功实践——写在孔子学院创建10周年之际》,载《人民日报》,2014年12月19日,第12版。

［2］李宝贵、庄瑶瑶:《汉语纳入俄罗斯高考——中俄语言文化互学互鉴的新篇章》,载《光明日报》,2019年6月13日,第14版。

［3］李宇明:《语言学习需求与对外汉语教学》,载《汉语教学学刊》,北京语言大学出版社,2005年第1辑。

［4］李宇明:《明了各国国情,顺利传播汉语》,载《世界汉语教学》2007年第3期。

［5］谭致君:《波兰汉语教学情况调查报告——以卢布林为例》,广东外语外贸大学硕士论文,2013年。

［6］易树:《塞尔维亚汉语文化教学现状研究——以塞尔维亚梅加特伦德大学为例》,重庆大学硕士论文,2015年。

［7］赵梅艳:《波兰汉语教学现状研究》,四川师范大学硕士论文,2009年。

［8］张婧、金晓蕾:《谈塞尔维亚本土汉语教师的培养》,载《海外华文教育》,2016年第1期。

［9］王凤英:《俄罗斯远东地区中小学汉语教育发展研究》,载《继续教育研究》,2019年第6期。

[10]《波兰国家概况》，外交部网站：https://www.fmprc.gov.cn/web/gjhdq_676201/gj_676203/oz_678770/206xo_679014/，访问日期：2020年2月8日。

[11]《中波小学签署合作协议 两国教育交流不断深入》，国际在线，2018年9月26日，https://baijiahao.baidu.com/s?id=1626587044470883978wfr=spider&for=pc，访问日期：2020年1月13日。

[12]《中国与塞尔维亚教育合作与交流简况》，中华人民共和国教育部，http://www.moe.gov.cn/s78/A20/s3117/moe_853/201005/t20100511_8743.html，访问日期：2020年2月5日。

[13] В 2019 году можно будет сдать ЕГЭ по китайскому языку, https://postupi.online/journal/novosti-ege/v-2019-godumojno-budet-sdat-ege-po-kitayskomu-yaziku/，访问日期：2019年12月25日。

[14] Устная часть ЕГЭ по иностранному языку пройдет 7 и 8 июня, http://ege.edu.ru，访问日期：2019年12月7日。

[15] https://vpr-ege.ru/ege/inostrannyj-yazyk/258-demoversiya-ege-2019- po-kitajskomu-yazyku，访问日期：2020年6月7日。

[16] Экзамены по физике и иностранным языкам прошли без сбоев, http://ege.edu.ru，访问日期：2020年6月5日。

[17] Участники ЕГЭ-2020 определились с выбором предметов, http://ege.edu.ru，访问日期：2020年2月20日。

[18] Численность населения федеральных округов России, 2019, http://www.statdata.ru/naselenie-federalnyh-okrugov-rossii，访问

日期：2019年12月9日。

[19] Население России: численность, динамика, статистика, http://www.statdata.ru/russia，访问日期：2020年2月29日。

[20] Паспорт муниципального образования городского округа, ГородКомсомольск- на- Амуре, https:// www. kmscity.ru，访问日期：2020年2月29日。

[21] Đurić, Lj. Rano školsko učenje stranih jezika u Srbiji - politika višejezičnosti ili english only? Inovacije u nastavi - časopis za savremenu nastavu, Belgrade, 2013, vol. 26/1, str. 104-116.

[22] Filipović, J., Vučo, J., Đurić, Lj. Rano učenje stranih jezika u Srbiji: od pilot modela de nastave stranih jezika za sve. Inovacije u nastavi - časopis za savremenu nastavu. Belgrade, 2006, 19/2, str. 113-124.

[23] Obrazovni centar Esperanto, Obrazovna politika Srbije u oblasti nastave stranih jezika, http://www.esperanto.rs/obrazovna-politika-srbije-u-oblasti-nastave-stranih -jezika，访问日期：2020年5月21日。